고해성사

Anselm Grün

DIE BEICHTE
Feier der Versöhnung

Copyright © 2001 Vier-Türme GmbH
D-97359 Münsterschwarzach Abtei
All rights reserved

Translated by KIM Ju Hyun
Korean translation copyright © 2004 by Benedict Press
Waegwan, Korea

Published by arrangement with Vier-Türme GmbH, Münsterschwarzach

고해성사
2004년 6월 초판 | 2024년 4월 8쇄
옮긴이 · 김주현 | 펴낸이 · 박현동
펴낸곳 · 성 베네딕도회 왜관수도원 ⓒ 분도출판사
찍은곳 · 분도인쇄소
등록 · 1962년 5월 7일 라15호
04606 서울 중구 장충단로 188(분도출판사)
39889 경북 칠곡군 왜관읍 관문로 61(분도인쇄소)
분도출판사 · 전화 02-2266-3605 · 팩스 02-2271-3605
분도인쇄소 · 전화 054-970-2400 · 팩스 054-971-0179
www.bundobook.co.kr
ISBN 978-89-419-0412-0 03230

이 책의 한국어판 저작권은
Vier-Türme GmbH와의 독점 계약으로 분도출판사에 있습니다.
저작권법에 의해 한국 내에서 보호를 받는 저작물이므로
무단 전재와 무단 복제를 금합니다.

안셀름 그륀

고해성사 화해의 축제

김주현 옮김

분도출판사

머리말 | 7

1 고해성사의 이해 | 11

말뜻 | 11

역사적 개관 | 17

1. 화해로서의 고해 | 18
2. 경건행위로서의 고해 | 20
3. 영성 지도로서의 고해 | 21
4. 고해는 의무인가? | 24
5. 평신도를 통한 고해와 사제를 통한 고해 | 27

죄에 관하여 | 30

1. 죄와 죄의식 | 31
2. 기회로서의 죄 | 34
3. 악행 | 36
4. 과장하지도, 부인하지도 말라 | 38
5. 대화를 통해 얻는 자유 | 39

II 고해성사의 구성 | 43

인사 | 44
성찰 | 46
사제의 권고 | 52
실천 계획 | 54
잘못에 대한 책임 | 56
용서 | 61
하느님 은총 속에서 떠나는 길 | 63

III 화해하는 삶 | 65

자신과의 화해 | 65
공동체와의 화해 | 68
회개 | 72
하느님의 새로운 모습, 예수 | 74

맺는말 | 79
참고 문헌 | 83

머리말

지난 수십 년 동안 그 어떤 성사도 고해성사만큼이나 사람들에게 외면당한 것은 없다. 경건한 신자들이 4주마다, 아니면 적어도 성탄절이나 부활절 또는 위령의 날에라도 고해성사를 하러 교회로 가던 것이 50년대의 일상적인 모습이었다면, 오늘날에는 많은 사람들이 고해성사를 멀리하는 것이 일상적인 모습이 되어 버렸다. 특별한 축일 때에도, 수도원에서도, 성지에서도 고해실 앞에 길게 늘어선 사람들의 줄은 이제 더 이상 볼 수 없게 되었다.

물론 고해성사와 관련된 오늘날의 퇴조는 한편으로는 지난날의 고해 빈도에 관한 과장과도 관계 있지만, 다른 한편으로는 고해성사의 활성화를 위한 이론과 실천의 결핍에도 그 원인이 있다. 그렇지만 50년대의 고해 빈도를 아쉬워하는 것은 그다지 의미있어 보이지 않는다. 당시의 빈번했던 고해는, 반드시 사람들이 예수님의 가르침을 좇았던 결과라기보다는, 오히려 당시 교회의 강력한 영향력 덕분이었던 것으로 보이기 때문이다. 교회가 지녔던 이와 같은 영향력과 함께, 당시의 빈번했던 고해성사는 무엇보다도 그 시대 사람들의 극심한 불안과 고통에 근거해 있었다.

25년간 청소년 관련 일을 하면서 나는 성삼일이 되면 스무 시간 정도 그들과 고해 형식의 상담 시간을 갖곤 했다. 나는 이 상담들이 그들의 영혼을 얼마나 자유롭게 하고, 또 얼마나 효과적으로 치유하는지 분명히 느낄 수 있었다. 이 책에서 내가 말하고 싶은 것은 이처럼 고해성사는 우리 영혼을 치유할 수 있는, 그리고 실제로 치유하는, 하느님의 은총이란 점이다. 누군가의 도움을 간절히 원하고 있는 사람들과 나눴던 많은 대화를 통해 나는 죄와 죄의식이라는 주제가 그들 이야기의 중심에 놓여 있다는 사실을 경험할 수 있었다. 고해는, 우리가 우리 죄와 죄책감에 대해 이야기할 수 있는 적절한 공간이다. 뿐만 아니라 우리는 고해를 통해 우리 죄가 용서되는 것을 경험한다. 고해성사만큼 뚜렷하게 치유의 성격을 가진 성사도 없는 것 같다. 자신의 죄의식에 관해 허심탄회하게 이야기할 수 있는 공간으로서의 고해성사, 무의식의 깊은 곳까지 침투하는 예식을 통해 죄의 용서를 효과적으로 이루어 내는 이 고해성사를 전문 심리치료사들조차 부러워하고 있다.

나는 이 책을 통해 고해성사라는 그리스도교의 전통 속에서 베풀어지는 은총의 모습을 우리 동시대인들에게 보여 주려 한다. 고해성사와 관련된 이론과 실제를 살피면서 오늘을 살아가는 우리에게 고해성사가 어떤 의미를 지니는지 짚어볼 때, 비로소 고해가 지닌 치유와 해방의 기능이 그 모습을 분명히 드러낼 것이다.

1 고해성사의 이해

말 뜻

일반인들이 "고해"라고 부르는 말을 신학에서는 "고해성사"라고 표현한다. "고해"라는 말 속에는 고해성사의 본질적인 한 부분인 참회의 의미가 포함되어 있다. 물론 죄에 대한 참회로서의 고해는 그리스도교만의 전유물은 아니다. 죄를 지음으로써 신과의 관계를 훼손한 사람들이 참회를 통해 그 관계를 정상화하는 것은 거의 모든 종교에서 통례적이다. 많은 종교에서 공개적인 고해 예식이 행해졌다. 누군가가 죄를 지음으로써 공동체의 질서가 교란되었을 때, 죄 지은 이의 공개적인 고해를 통해 질서를 회복했던 것이다. 불교에서는 이미 2세기부터 구도의 길을 정화상태로 유지하기 위한 승려들의 고해 예식이 행해지고 있었다(Asmussen 412 이하 참조).

신약성서에서도 하느님 앞에서 죄를 참회하는 모습이라든가(요한 1,9), 공동체 성원들이 공개적으로 자신의 죄를 참회하는 모습이 나타나 있다. "서로 죄를 고백하고 서로를 위해 기도하여 치유를 받게 하시오. 의인의 힘찬 기도는 큰일을 해 낼 수 있습니다"(야고 5,16). 야고보의 편지에 그려진 참회 예식은 아직, 사제 앞에서 행해지는 오늘날 고해성사의 모습을 띠고 있지는 않다. 공동체 성원들이 서로 자신의 죄를 고백하고, 그 고백은 죄를 참회한 자를 위한 공동체의 기도로 이어졌다.

"속죄"를 의미하는 게르만어 "부쎄"Buße는 "더 좋게"라는 뜻의 "베써"besser에 어원을 두고 있다. 뭔가가 좋지 않은 상태에 놓여 있다면 사람들은 그것을 개선하고자 한다. 신과의, 혹은 다른 이들과의 일그러진 관계를 사람들은 바로 이 속죄를 통해 회복하고자 노력한다. 모든 사람은 속죄 욕구를 가지고 있다. 우리가 잘못을 반복한다는 것을, 그리고 그 잘못을 극복하고 새롭게 시작할 필요가 있다는 것을 잘 알고 있기 때문이다. 많은 종교가 이 새로운 시작을 일정한 예식을 통해 표현한다. 이러한 예식은 대체로 "개인 속죄 예식"과 "공개 속죄 예식"으로 구분된다. 날씨 때문에 흉년이 들거나 부락에 재앙이 일어나면, 신의 은총을 빌기 위해 사람들은 함께 속죄 예식을 올리곤 했다. 한편으로는 신과의 유대 강화를 통해, 다른 한편으로는 죄인에 대한 처벌을 통해 속죄가 이루어지기도 했다. 사람들을 대신해 종종 짐승이 속죄의 제물로 쓰였다. 유다인들은 그들의 죄를 실은 속죄양을 사막으로 내쫓았다.

성서, 특히 신약성서는 "속죄"보다는, 그리스어 "메타노이아"metanoia에 해당하는 "회개"에 더 주목하고 있다. 구약성서에는, 금식과 통곡으로 자신의 죄를 뉘우치는 사람들을 보신 하느님이 다시 그들을 변함없이 사랑하실 것을 약속한 "속죄의 날"이 기술되어 있다. 그러나 예언자들은 이 공개 속죄 예식이 단지 형식에 그침을 질타한다. 그들은 마음으로부터의 회개를 가르친다. 진정한 회개는 영혼의 깊은 곳에서 비롯됨을 일깨운다. 구약성서의 이와 같은 맥락을 바탕으로 세례자 요한은 사람들에게, 하느님의 심판 때 구원받기를 원한다면 진심으로 회개하라고 촉구한다.

세례자 요한처럼 나자렛 예수 또한 회개를 촉구한다. 그러나 세례자 요한과는 달리 그분은 하느님의 심판이 아니라, 임박한 하느님 나라를 말씀하신다. 우리에게 오시는 하느님을 영접하기 위해 회개해야 한다고 호소한다. 마르코 복음에서 예수님의 첫 말씀은 이렇다. "때가 차서 하느님 나라가 다가왔습니다. 회개하고 복음을 믿으시오"(마르 1,15). 앞서 언급한, 회개에 해당하는 그리스어 "메타노이아"는 "생각을 바꾸다", "달리 생각하다", "이면을 살펴보다" 등의 어원적 의미를 지니고 있다. 개선과 전환은 새로운 생각에서 시작된다. 생각을 바꾸어야 자신의 모습을 바꿀 수 있다. 신약성서, 특히 루가 복음은 바로 이 "메타노이아"의 개념을 즐겨 사용한다. 여러 지역에서 온 예루살렘의 유다인들에게 깊은 감화를 준 베드로의 오순절 강론 도중 사람들이 물었다. "'우리가 어떻게 해야겠습니까?' 하자 베드로가 말했다. '저마다 회개하고, 예수 그리스도의 이름으로 세례를 받아 죄를 용서받으시오. 그러면 성령을 선물로 받게 될 것입니다'"(사도 2,37-38). 베드로의 이 같은 호소는 고행 등의 형식으로 표현되는 속죄 행위에 대한 촉구가 아니었다. 그것은 세례 예식으로 표현되는 회개로의 진심 어린 초대였다.

세례는 예수 그리스도를 구세주로 받아들인다는 신앙고백이다. 회개한 자는 세례를 통해 죄를 용서받고, 성령을 맞아들이게 된다. 새롭게 시작할 수 있도록 과거가 씻겨나감으로써 성령을 맞이할 수 있게 되는 것이다.

세례를 받은 사람은 예수 그리스도의 성령으로 채워진다. 성령의 힘으로 사람들을 치유하셨던 예수님처럼 진정한 삶을 향한 새로운 길을 갈 수 있게 된다. 회개는 단지 유다인만을 위한 하느님의 은총이 아니다. 이교도라고 해서 스스로를 이 은총의 대상에서 제외해서는 안 된다. 이 은총을 누리기 위해 그들이 해야 할 일은 새로운 눈으로 세상을 보는 것이다. 지금까지의 "무지"(사도 3,17)에서 몸을 돌려 하느님과 예수 그리스도를 향하는 것이다. 잘못된 길에서 벗어나 예수님께서 말씀하신, 또한 스스로 앞서 가신 그 새로운 길을 걸어가는 것이다.

고해와 속죄를 통해 인간과 신의 화해가 이루어진다. 화해는 신약성서의 중심개념 중의 하나다. "화해하다"의 의미를 지닌 독일어 "페어죄넨"versöhnen은 "평온하게 하다, 가라앉히다, 진정시키다, 입맞추다" 등의 의미를 지닌 "페어쥐넨"versühnen에 그 어원을 두고 있다.

게르만인들은 화해를, 다른 사람의 잘못된 행위에 의해 발생하는 감정적 격앙 상태, 다시 말해 "노여움", "미움"과 같은 감정의 불길을 진정시켜 가라앉히고, 나아가 친밀한 입맞춤을 통해 씁쓸해진 관계를 회복하는 것으로 이해했던 것이다.

"화해"를 의미하는 라틴어 "레콘칠리아시오"reconciliatio는 "다시 하나 됨"이라는 어원적 의미를 가진다. 화해는 불화와 분열의 상태에 놓인 개인이나 혹은 집단에게 다시금 평화와 공동체의식을 선사한다. "레콘칠리아시오"는 인간과 신의 관계를 포함하는 개념이기도 하다. 죄를 지음으로써 인간은 신과의 정상적인 관계를 잃어버리게 된다. 성서에 따르면 신과 인간 사이의 공동체의식의 회복, 다시 말해 신과 인간의 화해는 언제나 인간을 향한 하느님의 조건 없는 제안이다. 하느님과 화해하기 위해 꼭 어떤 속죄 행위가 필요한 것은 아니다. 하느님의 제안을 감사히 받아들이기만 하면 된다. 바울로는 예수님의 이름으로 전했던 복음에서 말한다. "하느님은 그리스도 안에서 세상을 당신과 화해하게 하시고 저들에게는 그 범행을 따지지 않고 우리에게는 화해의 말씀을 맡겨 주신 분입니다. … 그리스도를 대리하여 여러분에게 간청합니다. 하느님과 화해하시오"(2고린 5,19-20).

"속죄"라는 의미의 라틴어 "페니텐시아"poenitentia는 "처벌"의 의미를 지닌 "페나"poena에서 유래했다. "속죄"라는 말은 "죄의 탕감"과 관계 있다. 죄 지은 자는 처벌받아야 하며, 그 처벌을 통해 죄를 탕감해야 한다는 뜻이다. 이렇게 생각하는 사람에게는, 자신의 죄를 참회할 때 과연 죄를 얼마만큼 탕감할 수 있느냐가 가장 중요한 문제처럼 보일 것이다. 로마인들이 그랬던 것처럼 실제로 많은 사람들이 자기 죄의 탕감 문제가 복음이 전하는 화해보다 더 중요하다고 생각한다. 죄는 어떤 속죄 행위를 함으로써, 즉 처벌을 받음으로써 탕감되는 것이라고 믿는 사람들이 아직도 많다. 속죄란 감옥살이로 죄를 탕감하는 것과 유사하며, 그 탕감 행위를 통해 비로소 처벌에서 자유로워진다고 믿기 때문이다.

역사적 개관

속죄 예식은 초기 교회부터 행해졌다. 신자들은 「주님의 기도」에서 이렇게 기도했다. "저희에게 잘못한 이를 저희가 용서하오니 저희 죄를 용서하소서." 예수님이 가르쳐 주신 기도였다. 「주님의 기도」는 아침기도로부터 저녁기도에 이르기까지 계속되었다. 사람들은 용서로 하루를 시작했고, 용서로 하루를 마무리했다. 성찬 전례에서 늘 「주님의 기도」를 바쳤다. 당시 교회 공동체는, 예수 그리스도와 함께하는 성찬에서 그리스도를 통해 그들의 형제자매와 하나 되기를 원하는 사람들이라면 죄지은 자들을 용서할 수 있는, 그리하여 스스로도 회개할 수 있는 채비를 갖추라고 요구했다. 성찬 전례는 이미 그 시초부터 속죄 예식과 연결되어 있었던 것이다. 다른 이의 죄를 용서할 때 비로소 자신의 죄도 용서받을 수 있다는 가르침에서 우리는, 하느님께 가까이 가려는 자는 바리사이처럼 그들의 선행을 자랑해서는 안 된다는 것을, 세리처럼 겸손하게 다가가야 한다는 것을 배운다. 루가 역시, "하느님, 이 죄인에게 자비를 베푸소서"(루가 18,13)라고 했던 세리의 겸손한 기도야말로 그리스도인의 참된 기도 자세라고 강조한다.

2세기에서 3세기로 넘어가는 즈음에 교회 공동체에서 멀어진 죄인들, 예컨대 신앙을 버린 사람들 혹은 살인이나 간음처럼 사회적으로 용서받기 어려운 죄를 지은 사람들을 위해 새로운 형태의 속죄 예식이 생겨난다. 공동체에서 멀어진 그리스도인들이 다시 공동체와 하나 될 수 있는 길을 열어주기 위한 이 속죄 예식이 바로 오늘날 고해성사의 시작이었다. 고해성사의 역사는 두 원천에서 비롯된다. 도시 교회 공동체의 속죄 예식이었던 "화해로서의 고해", 그리고 초기 수도자들이 행했던 "영성 지도로서의 고해"가 바로 그것이다.

1. 화해로서의 고해

초기 교회에서는 세례를 받은 뒤 신앙을 버렸거나, 살인이나 간음 같은 대죄를 지은 그리스도인들이 "화해로서의 고해"를 통해 교회 공동체에 재편입될 수 있었다. 물론, 세례를 통해 그리스도를 위해 살기로 했던 약속을 저버린 이를 다시 교회가 받아들일 수 있는지에 대한 토론이 오랫동안 있었다. 그 결과 죄인이 주교 앞에서 죄를 고백하면 그는 통회 기간을 거쳐 다시 교회와 하나 될 수 있다는 결정이 내려졌다. 통회 기간 중에는 성찬 전례에 참가할 수 없었다.

동방 교회에서는 통회 기간을 네 단계로 구분했다. 성찬 전례에서 완전히 제외되었던 "우는 사람들", 성찬 전례가 시작되면 대기실로 물러나 귀로 듣기만 했던 "듣는 사람들", 교회 안에서 무릎을 꿇고 성찬 전례를 지켜볼 수 있었던 "무릎 꿇는 사람들", 무릎 꿇지는 않았지만 여전히 성찬 전례를 준비하는 과정과 영성체에는 참가할 수 없었던 "서 있는 사람들"이 그것이다. 통회 기간에 있는 사람에게는 수행해야 할 몇 가지 보속이 주어졌다. 금식, 기도, 봉사 등으로 그리스도의 삶을 실천함으로써 죄로 인해 생긴 상처를 치유해야 했던 것이다. 동방 교회에서 보속 행위 자체가 죄의 용서로 기능한다고 보았던 반면, 서방 교회는 보속 행위란 죄에 대한 뉘우침의 표현이라는 관점이 보다 두드러졌다. 통회 기간이 끝나면 교회 공동체로의 재편입 예식이 행해졌다.

재편입 예식은 일정한 형식을 갖추고 있었다. 공동체의 기도가 끝나면 주교가 통회자의 머리에 손을 얹고 통회자는 거룩한 성체를 영접했다. 어떤 지역에서는 주교가 통회자의 이마에 기름을 바르는 도유식이 더해지기도 했다(Messner, *Beichte*, 841 이하 참조). 서방 교회의 통회 기간은 대체로 사순 시기와 맞물려 있었다. 재의 수요일에 통회 기간이 시작되었고, 성목요일에 교회로의 재편입 예식이 거행되었다. 통회 예식이 시작되었던 초기에 이 예식의 대상은 교회에서 멀어진 죄인이었으나, 시간이 흐르면서 점차 모든 신자들로 확대되었다. 재의 수요일에 이마에 재의 십자표를 그음으로써 사람들은, 모든 그리스도인들이 죄인이라는 것을, 그리고 성목요일 성체 공동체의 신비를 새롭게 경험하기 위해서는 통회가 필요하다는 것을 표현했다.

2. 경건행위로서의 고해

교회에서 행한 공개 통회 예식은 중세 초기 이래로 점차, 아일랜드에서 대륙으로 유입된 속죄 양식, 즉 "개인적인 형태의 속죄"에 의해 침식되었다. 초기 교회에서 죄인이 죄를 용서받기 위해서 먼저 통회 예식을 행해야 했다면, "개인 속죄"에서는 예식 행위 전에 이미 죄를 용서받는다. 따라서 예식 행위는 상징적인 것으로 이해되었다. "개인 속죄"는 언제 어느 때건, 얼마든지 되풀이해서 행해질 수 있었다. 19세기로 접어들면서 당시 성행하던 구복 신앙의 영향으로, 고해는 가급적 자주 해야 한다는 생각으로 발전했고, 이로부터 "경건행위로서의 고해"가 생겨났다. 자주 고해할수록 더 많이 은총을 받게 된다는 것이 당시의 통념이었다. 사람들은 양의 관점에서 은총을 보았고, 따라서 고해와 통회기도 등의 특정 행위를 통해 더 많은 은총을 보장받을 수 있다고 생각했던 것이다.

지난 세기의 경건주의로 인해 고해는 성찬례와 긴밀히 결합되었다. 17~18세기 프랑스에서 발생한 얀센주의의 엄격한 경건주의로부터 사람들은, 고해를 한 뒤의 영성체만이 의미를 지닌다고 믿게 되었다. 고해를 통해 준비되어야만 하는 영성체는 이렇게 점점 신자들과 멀어지게 되었다. 물론 고해와 영성체에 관한 이러한 경건주의는 한편으로, 20세기 전반의 고해 빈도를 그 어느 때보다도 높은 것으로 만들었다. 고해에 대한 경건주의적 이해는 그러나, 고해에 대한 초기 교회의 신학적 이해에서 현격히 벗어난 것이었다. 이 점을 토대로 살필 때, 50년대까지 일상적이었던 고해가 오늘날 급속히 쇠퇴해 버렸다는 사실은 결코 놀랄 일이 아니다.

3. 영성 지도로서의 고해

앞서 언급한 바와 같이, 고해성사와 관련된 둘째 원천은 초기 수도자들이 행했던 "영성 지도로서의 고해"였다. 이미 알렉산드리아의 클레멘스(†215년)와 오리게네스(†253/4년)에게서 이러한 고해 행위가 나타난다. 클레멘스는 신자들에게, 경험이 풍부한 영성 지도자를 찾아가 죄를 고해하라고 충고했다. 그러면 그가 우리를 위해 기도해 줄 것이며 아울러 충만한 동정심으로 우리를 도와줄 것이라고도 했다. 오리게네스는 용서라는 영적 능력을 지닌 이들에 관해 언급하고 있다. 만약 누군가가, 죄지어 병든 자를 용서를 통해 치유할 수 있는 영혼을 가졌다면, 그가 비록 교회의 성직자가 아니라 하더라도, 그 역시 사제와 같은 존재라고 보았다. 오리게네스에게 영성 지도자란 마치 의사와 같은 존재였다.

하느님의 말씀이라는 약을 가지고, 죄악으로 상처 입은 환자를 돌보는 영적 의사가 바로 영성 지도자인 것이다. "고해는 질병의 치료과정과 유사하다"(Messner, *Beichte*, 140). 영성 지도자에게 필요한 덕목은 다른 이의 고통을 함께 짊어지는 따뜻한 마음과 하느님께서 주신 은사로서의 기도능력이었다. 그는 자신에게 죄를 고해한 자를 위해 하느님께 용서를 청하는 기도를 드렸다. 죄인이 올바른 길로 돌아오는 도중에 포기하지 않도록 곁에서 힘을 북돋아 주었다. 하지만 죄를 고해한 사람들에게 한 그의 말들이 성사적 의미의 용서를 뜻하는 것은 아니었다. 물론 고해와 관련된 초기 역사는 성사적인 의미의 용서를 알지도 못했다. 뿐만 아니라 용서란 언제나 하느님의 권능에 속한 것이었다. 영성 지도자는 죄인을 위해 하느님께 기도했고, 고해자는 자신을 위한 그의 기도를 신뢰했다. 하느님께서 그 기도를 들으시고 자신을 용서해 주실 것을 믿었던 것이다.

"영성 지도로서의 고해"는 수도자들에게서 시작되었다. 모든 수도자에게는 "아빠스"Abbas라 부르는 영적 아버지, 혹은 "암마"Amma라 부르는 영적 어머니가 있었다. 수도자들은 그들의 영적 아버지, 영적 어머니에게 자신의 생각들을 얘기하고 상의했다. 죄책감을 포함하여 그들의 정서나 심리 상태, 그들의 열정과 욕망, 간밤의 꿈, 육체적 질병과 고통 등 자신에 관한 모든 것을 다 말했다. 그 내용들이 모두 그들 영혼의 내면에 관한 중요한 정보라고 생각했다. 이 과정을 통해 영적 아버지 혹은 영적 어머니는 젊은 수도자가 올바른 수도 생활을 할 수 있도록 도와주는 영성 지도자, 즉 영적 후견인 역할을 했다.

이러한 영성 지도가 성사로 이해되었던 것은 아니다. 수도자들이 그들의 영적인 삶을 보다 심화시키는 데 필요한 영적 후견인으로 받아들여졌고, 또 그렇게 행해졌다. 당시의 영성 지도는 진료 행위와 유사했다. 환자가 의사에게 자신의 병력을 솔직히 말해야 하는 것처럼, 어떻게 하면 하느님께 좀 더 가까이 갈 수 있는지에 대한 자신의 신학적 견해로부터, 영적 아버지에게 말해 빨리 뿌리 뽑아 버려야 할 옳지 못한 일상적 생각들에 이르기까지, 자신의 생각들을 꾸밈없이 얘기했다. 누르시아의 성 베네딕도는 젊은 수도자들에게 이렇게 말했다. "자신의 마음속에 떠오르는 나쁜 생각을 즉시 그리스도께 쳐바수고, 영적 장로에게 밝히라"(베네딕도 『수도규칙』 4,50).

수도공동체에서 점점 많은 사제들이 배출되면서 "영성 지도로서의 고해"는 점차 성사화되었고, 아울러 이 과정을 통해 수도자들의 고해 역시 앞서 언급한 "경건 행위로서의 고해"로 그 성격이 변해 갔다. 이전 수도자들이 보여 주었던 영성 지도라는 목적의식은 변질되어 버렸다. "성사화된 고해의 목적은 죄의 용서에 있었기 때문에, '영성 지도로서의 고해'에서 얘기되었던 주제들이 성사화된 고해에서는 죄악이라는 이름으로 다루어졌다. 사소한 불완전함들이 죄악이 되었고, 이미 용서된 잘못들이 다시금 용서받아야만 하는 것들이 되어 버렸다. '영성 지도로서의 고해'는 이렇게 '경건행위로서의 고해'로 변질되어 갔다"(Bacht 179 이하).

4. 고해는 의무인가?

앞서 살펴본 고해성사의 역사는 우리에게, 고해소라는 공간에서만, 그것도 정형화된 단 몇 마디를 통해 죄의 고해가 이루어지는 오늘날의 고해 형태에는 일찍이 교회가 부여했던 "화해의 성사"라는 의미는 결여되어 있다는 것을 일깨운다. 하느님의 따뜻한 은총으로서의 고해성사를 오늘날의 사람들에게 되돌려 주기 위해서 우리는 무엇보다, 앞서 언급한 고해성사의 원천으로 돌아가야 한다. 유감스럽게도 사람들은 종종 고해성사를 통해 위로받기보다는 오히려 마음속 깊이 상처를 받기도 한다. 때때로 고해성사 과정에서 고해자의 영혼이 학대당하기도 한다. 고해자는 심문당하고 판결받는다. 순종이라는 덕성의 이름으로, 그들이 감당할 수도 없는, 혹은 그들에게 상처를 주기까지 하는 훈계가 내려진다. 고해성사를 통해 그들이 경험하는 것은 이해와 온정이 아니라 가혹함과 냉혹함이다. 이와 같은 상처가 사람들의 마음에 고해성사에 대한 두려움을 싹틔웠고, 사람들을 고해성사에서 멀어지게 했다.

많은 이들이, 고해는 신자의 의무라고 말한다. 그러나 고해의 의무란 존재하지 않다. 고해해도 좋다고 허락받았을 따름이다. 고해를 통해 하느님의 사랑과 용서를 경험해도 좋다고 허락받았을 따름이다. 신학적으로 볼 때, 우리가 반드시 고해해야 하는 죄는 대죄大罪밖에 없다. 대죄란 우리가 명확하고도 완전한 자유의지를 가지고 의식적으로 하느님께 대항하는 것을 의미한다. 그러나 우리가 의식적으로 대죄를 짓는 경우란 거의 없다. 우리 죄의 대부분은 나약함에 기인한다. 심리학의 연구 결과에 따르면, 우리가 완전한 자유의지를 가지고 결단하는 경우란 거의 없다. 우리를 짓누르는 대부분의 죄는 용서의 대상이 아니라, "깨달음의 대상"(Bacht 181)일 뿐이다. 따라서 과거 "영성 지도로서의 고해"에서 다루어졌던 주제들에 주목할 필요가 있다. 우리 내면에 숨겨진 모든 것에 관해 얘기할 때 비로소, 우리의 깊은 내면이 어떤 상태인지 알게 될 것이며, 매번 같은 잘못을 반복하는 심리적 악순환에서 벗어나 우리 삶의 방식을 바꿀 수 있기 때문이다.

고해소에서 하는 고해이든 또 다른 공간에서 하는 고해이든 그것이 참된 의미에서의 영성 지도이기만 하다면, 초기 교회가 보여준 "재화합으로서의 고해" 혹은 "화해로서의 고해"는 오늘날에도 여전히 실재할 수 있다. 스스로를 용서할 수 없어 죄책감에 시달리는 사람들에게는, 죄지은 자신도 하느님과 다른 사람들에게 받아들여질 수 있다는 사실을 경험하는 것이 무엇보다 중요하다. 한편으로 죄책감 속에서 사람들은, 자기 죄 때문에 다른 사람들이 자신을 배척한다고 느끼기도 한다. 그런 그들에게, 자신도 다시 공동체의 일원이 되었다고 느끼게 하는 것, 자신과 화해하게 하는 것, 그것이 바로 예식의 형식으로 행해지는 고해다. 물론 모든 고해 행위에는 화해의 의미가 포함된다. 그러나, 죄지은 자신을 아무도 용납하지 않을 것이라는 절망에 빠져 괴로워하는 사람이 고해로 하느님에게 받아들여졌음을 예식을 통해 눈으로 볼 수 있고, 피부로 느낄 수 있게 하는 것은 매우 의미있는 일이다. 다시 말해 중요한 것은 고해 예식이란 재화합의 과정이 되어야 한다는 것이다. 동시에 고해 예식은 영성 지도의 성격도 지녀야 한다는 점 역시 우리가 잊지 말아야 한다. 영성 지도로서의 의미가 결여된 고해 예식은, 자칫 우리를 지나친 죄의식으로 몰아넣어 우리 행위 전부가 죄가 되어 버리는 위험을 불러일으킬 수도 있기 때문이다. 따라서 고해 행위를 올바르게 이해하고 실천하기 위해서는 무엇보다 죄란 무엇이며 죄의식이란 어떤 것인가 그리고 우리는 죄와 죄의식에 어떻게 대응해야 하는가가 먼저 설명되어야 한다.

5. 평신도를 통한 고해와 사제를 통한 고해

고해와 관련해 초기 교회에서의 사제는 무엇보다도 죄지은 자의 짐을 함께 짊어지며 그를 위해 기도하는 역할을 담당했다. 따라서 사람들이 자신의 죄를 꼭 사제에게 고해해야 하는 것은 아니었다. 평신도를 통해서도 하느님의 용서가 이루어질 수 있었다. 이와 같은 방식의 고해는 더욱 확산되어 중세까지 계속되었다. 영국의 수도자였던 교부 베다 존자(†735년)는 이렇게 말했다. "'서로 죄를 고백하고 서로를 위해 기도하여 치유를 받게 하시오. 의인의 힘찬 기도는 큰일을 해 낼 수 있습니다'라고 한 야고보의 편지 5장 16절의 말씀은, 사제 앞에서 고해야 할 정도로 큰 죄가 아니라면 자신과 가까운 사람에게 고해하고 죄의 용서를 위한 도움의 기도를 부탁할 수도 있음을 뜻한다"(Messner, *Feiern der Umkehr und Versöhnung*, 180). "평신도를 통한 고해"는 16세기로 접어들 때까지도 통상적이었다. 팜플로나 전투(1521년) 참전을 앞두고 로욜라의 이냐시오는 곁에 있던 한 평범한 병사에게 고해했다고 전해진다. 이 같은 "평신도를 통한 고해"를 알베르투스 마그누스는 성사의 일종으로 설명하기도 했으며, 토마스 아퀴나스는 "무엇인가 성사적"이라고 표현하기도 했다.

고해를 받을 수 있는 권한이 사제로 제한되기 시작한 것은 스콜라 학파의 신학 체계에서 비롯된다. 토마스 아퀴나스는 성사와 관련된 그의 신학 이론을 통해 그리스도와 그리스도의 성령은 성사 속에서 오직 사제만 대리할 수 있다고 주장한다. 토마스 아퀴나스에 따르면 사제는 그리스도의 도구이다. 사제는 주님 그리스도의 권능 속에서 고해자에게 용서를 확언한다. 중세까지는 줄곧 사제가 고해자를 위한 기도를 통해 함께 용서를 빌어 주는 역할을 했던 반면, 토마스 아퀴나스부터는 "너의 죄를 사하노라"와 같은 직설적이고 선언적인 용서의 전달자가 되었다. 사제가 그리스도의 권능을 대리함으로써, 그리고 그리스도의 용서를 선언적으로 확언함으로써 고해자는 용서에 대한 더 큰 확신을 가질 수 있기 때문이라고 토마스 아퀴나스는 설명한다. 피렌체 공의회(1439년)는 토마스 아퀴나스의 견해를 공인했다.

고해성사의 역사에 대한 개관은 우리에게, 고해를 받을 수 있는 권한을 사제로 제한하고 그 제한을 일방적으로 고착화시켜 버린 것은 고해의 본래 의미와 그다지 상응하지 않는다는 것을 보여 준다. 앞서 살펴본 것처럼 고해의 본질적 의미는 죄인이 다시 교회 공동체의 일원이 될 수 있도록 하는 것에 있다. 죄를 지음으로써 공동체에서 멀어진 자가 신앙의 형제 자매와의 대화를 통해 고해하고, 그들은 그의 죄 사함을 위해 하느님께 기도했다. 죄인을 위해 함께 바쳤던 이 공동체의 기도야말로 하느님께서 자신을 용서해 주신다는 믿음을 가지게 하고, 자신을 다시 공동체의 일원으로 느끼게 한다. "평신도를 통한 고해"를 새로운 형태로 발전시키는 일은 오늘날 매우 의미있어 보인다. 오늘날 많은 영성 지도자들조차 죄에 관해 이야기할 때면 죄의식으로 인해 도움이 필요한 사람은 사제를 찾아가 고해해야 한다고, 단지 고해소에서만 그의 죄가 용서될 수 있다고 말한다. 하지만 이런 생각들은 고해성사가 지향하는 의미에 부합하지 않는다. 영성 지도자든, 심리 치료사든, 죄의식으로 괴로워하는 사람이 정신적으로 의지할 수 있는 사람이라면 누구나 그를 위해, 그의 죄를 용서해 주시기를 하느님께 기도할 수 있다. 중요한 것은 그들이 하느님께서 실제로 그의 죄를 용서하시리라는 것을 믿어도 좋으며, 또 믿어야 한다는 것이다.

물론 대죄를 지은 경우라면 사제를 찾아가 용서를 청해야 한다. 교회법에 따르면 대죄에 대한 사면 선언은 사제의 고유 권한이다. 하지만 대죄의 의미는 하나밖에 없다. 완전한 자유의지 속에서 분명하게 하느님을 부정하는 행위가 그것이다. 누군가 그런 죄를 지었다면, 그는 스스로 교회 공동체를 떠났음을 의미한다. 그랬던 그가 다시 교회 공동체 내로 받아들여지기 위해서는 고해 예식을 통해 교회를 공적으로 대표할 수 있는 자, 즉 사제의 존재가 필요할 것이다. 바로 이것이 대죄를 지은 사람은 왜 꼭 사제에게 고해해야 하는가에 대한 교회의 설명이다. 한편으로 사제만이 집행할 수 있는 교회 예식을 통해 용서가 이루어지도록 한 까닭은 대죄를 지은 사람도 용서받을 수 있다는 것을 신뢰할 수 있도록 하기 위해서라는 심리학적 해석 역시 가능할 것이다. 고해 예식은 죄인의 무의식 속에 깔려 있는 부정적인 생각을, 자신은 결코 용서받지 못할 것이라는 생각을 녹여 버린다. 고해 예식은 마음속 깊이 용서받았다고 느끼게 하여 죄의식으로부터의 자유를, 교회의 온전한 일원이 되었음을 진정으로 실감케 한다.

죄에 관하여

현대인들은 자기 죄를 죄로 느끼지 않는다. 이러한 죄의식의 결여가 바로 오늘날 고해성사의 퇴조와 관계 있다고 보는 사람들이 많다. 확실히 현대인들은 계율 위반이라는, 죄악에 관한 전통적 개념을 이해하지 못한다. 오늘을 살아가는 우리가 과거 사람들처럼 계율을 이해한다는 것은 사실 불가능하다. 설혹 과거의 계율을 이해하고 이를 엄격히 지키는 그리스도인이 있다 할지라도 그의 엄숙한 얼굴에는 자칫 엄청난 공격성과 오류가 숨어 있을 수도 있다는 것을 우리는 잘 알고 있다. 교회가 제시한 이른바 "고해 목록", 다시 말해 고해를 위해 점검해 봐야 할 목록 가운데 몇몇은 현대인들에게 아무런 죄의식을 심어 주지 못한다. 현대인들이 느끼는 죄의식의 본질에서 벗어나 있기 때문이다. 교회의 "고해 목록"이 아니라 오히려 현대 문학 작품에서 우리는, 현대인이 지닌 죄의식의 본질을 규명하는 데 열심인 사람들은 바로 작가들임을 확인할 수 있다. "현대 문학은 현대인들이 언제 죄의식을 느끼는지 낱낱이 밝히고 있다. 실상이 어떠한지, 실상이 무엇인지 모르고 있다고 느낄 때, 무엇이 어떻게 되든 냉담하게 그냥저냥 떠밀려 살아가고 있다고 느낄 때, 태만과 무비판 그리고 비겁함으로 인해 자신의 사회적 관계를 변화시키지 못한다고 느낄 때, 이때 현대인들은 죄를 짓고 있다고 생각한다. 기업화된 세계, 그리고 능력과 성과에 대한 평가는 현대인들을 죄의식 속으로 몰아넣는다. 왜 죄의식을 느껴야 하는지 생각할 겨를도 없이"(Grün 226).

1. 죄와 죄의식

심리학자들은, 사람들에게는 자신이 잘못했다는 것을 인정하지 않으려는 면과 사소한 잘못에 대해서도 지나치게 죄의식을 확대하려는 면이 공존한다고 지적한다. 이 말이 사실이라면 우리는, 우리가 실제로 지은 죄와 우리 스스로 확대한 죄의식을 구별할 줄 알아야 한다. 많은 경우 죄의식이 곧 실제로 죄를 지었다는 것을 의미하지는 않다. 죄의식을 느끼는 것은 종종 자신감의 결여나 부정확한 상황 인식에 기인한다.

실제로는 아무 죄도 짓지 않았는데, 자신을 몰아붙이는 초자아의 비난 때문에 죄책감을 느끼곤 하는 사람들이 많다. 그들은 무의식 속에서, 부모의 기대와 규율에서 자유로워질 수 있는 유일한 방법은 죄책감뿐이라고 판단한다. 어린 시절 늘 어머니에게 게으르다는 꾸지람을 듣고 자란 한 젊은 여인은 어쩌다 한 번 휴식을 취할 때면 어김없이 죄책감을 느낀다. 어떤 사람은 남편이나 아내, 친구나 직장 동료의 기대를 만족시키지 못하는 자신 때문에 죄의식을 느낀다. 무엇인가를 부러워하는 자신에 대해 죄의식을 느끼는 사람도 있고, 누군가가 미워질 때 죄책감을 느끼는 사람도 있다. 심리학이나 영성 지도의 중요한 과제 중의 하나가 죄의식과 실제의 죄를 구분해 주는 것이다.

죄책감이라는 유쾌하지 못한 정서에서 벗어나려고 사람들은 많은 장치들을 고안한다. 가령 죄의식을 떨쳐버리기 위해 자신의 책임을 다른 사람이나 집단에 투사하기도 한다. 이처럼 죄의식으로부터 자신을 지키려는 까닭은, 죄의식이 자신의 이상적인 모습을 깨뜨리고, 공동체로부터 자신을 격리시키는 요인이 될 수도 있다고 느끼기 때문이다. 자신의 죄를 인정한다는 것은 자신이 서 있는 삶의 토대를 상실하는 것이라서 "자신의 삶이 치명적으로 위협받을 수 있다고 생각"(Affemann 132)한다. 우리가 자신의 죄를 인정하지 않으려는 이유가 바로 여기에 있다. 하지만 자신의 죄를 인정하지 않으려는 태도는 우리를 무감각하게 만들어 거듭 죄를 짓게 한다. 뿐만 아니라 자신의 죄를 부인함으로써 평정에 도달할 수 있는 것도 아니다. 부인된 죄와 죄의식은 결국 불안과 분노 등으로 표현되기 때문이다.

자신이 지은 죄를 부인하는 것은 자신이 인간임을 부인하는 것이다. "자신이 죄인일 수 있다는 사실을 인식하지 못하는 사람은 자신이 지닌 존재로서의 본질, 자신의 고유성, 자유 그리고 책임을 더 이상 인식하지 못한다"(Görres 77). 우리 죄를 의식이 포착하지 못할 때, 우리 속의 사악함은 "양심의 가책으로 표현되는 것이 아니라 단지 불명료한 불안과 우울 혹은 위축감으로"(Görres 78) 표현된다. 죄의식을 대신해, 모든 것을 망쳐버릴지도 모른다는 불안과 우울이 우리를 괴롭히게 되는 것이다.

심리학은 죄의식에 대해서만 연구하는 것이 아니다. 융에 의하면 죄악은 분열 속에서, 다시 말해 자신의 모습을 받아들이고 싶지 않을 때 혹은 내가 지닌 불쾌한 모습들을 나로부터 떼내 버리고 싶을 때 생겨난다. 융의 관점을 빌리면 죄란, 어쩔 수 없이 짓게 되는 불가피한 것이 아니라 사람들의 자유로운 선택에 달린 것이다. 우리는 자신의 이상적인 모습에 위배되는 것들에 대해서 눈을 감아버린다. 우리가 완벽하지 않다는 진실에서 벗어나고 싶어한다. 어떤 사람은 자신의 죄를 정당화하기도 하고, 또 어떤 사람은 자신의 죄를 과장하여 회한에 빠지기도 한다. 자신이 지은 죄를 직시하고 속죄하는 대신 그 회한을 즐기기까지 한다. "마치 차가운 겨울 아침에 일어나기가 싫어 뒤집어쓰는 따뜻한 이불처럼. 이러한 기만과 외면은 자신의 어두운 그림자와 대결하는 일을 불가능한 것으로 만들어"(Jung, GW 8, 680) 버린다.

2. 기회로서의 죄

앞서 본 바와 같이 융은, 죄란 결코 불가피한 것이 아니며 오히려 사람들이 자신의 진실을 직시하지 않으려 할 때 발생하는 선택적인 것이라고 했다. 그러나 융에 의하면 거의 불가피해 보이는 죄도 있다. "극단적으로 순진하고, 극단적으로 의식이 결여된 사람이 저지른 잘못은 죄와 관계없다는 견해가 있다. 심리학은 이런 천진한 발상을 용납해서는 안 된다. 심리학은, 무의식 속에서 잘못을 행했다는 사실이 결코 변명이 될 수 없을 뿐만 아니라, 오히려 가장 질 나쁜 죄악 중의 하나가 될 수도 있다는 점을 명확히 밝혀 주어야 한다. 바로 이 점이 심리학과, 의식적인 잘못인지 무의식적인 잘못인지를 고려하지 않는 냉혹한 자연이나 법정과의 차이일 것이다"(Jacobi 242). 우리가 왜 죄를 저질렀는가를 밝혀주는 심리학처럼, 자기 죄를 직시할 때 우리의 죄는 자신의 진실한 모습을 발견할 수 있게 하는, 우리 내면의 심연을 돌아볼 수 있게 하는, 나아가 우리 삶의 토대인 하느님을 발견할 수 있게 하는 하나의 기회가 될 것이다.

우리가 할 일은 먼저 이상적이지 못한 자신의 모습을 받아들이는 것이다. 자기가 지은 죄를 겸손하게 인정하는 것이다. 참 자아를 찾는 노정에서 우리는 거듭 죄에 빠질 수 있다. 따라서 자기 죄를 인정한다고 해서 참된 자아로 나아가려는 우리 의식이 훼손되거나 위축되는 일은 없다. 오히려 자신이 지은 죄를 외면하지 않고 직시하려는 용기는 우리에게 도덕적 성장이라는 좋은 선물을 안겨 준다. 이 선물로 우리는 삶을 변화시키고 개선할 수 있다. "무의식 속에서 고착되어 있는 것은 결코 변화하지 않는다. 의식의 수면 위로 떠올라야 비로소 교정과 발전이 가능해진다. 자신이 지은 죄를 의식 속에서 포착하는 것은 엄청난 도덕적 성장을 가능하게 한다. 유감스럽지만 죄 없이는 영혼의 성숙도, 정신적 지평의 확대도 없다"(Hartung 50 이하).

3. 악행

계율 위반이 곧 죄라는 단선적인 이해가 부적절한 것임을 심리학은 잘 보여 주고 있다. 사실 죄악과 본능은 아주 가까이 있다. 따라서 우리 행위 중에서 무엇이 어디까지 죄악인가를 객관적으로 구분하기란 결코 쉬운 일이 아니다. 이 점에 대해 심리학은, 우리 내면 속으로 사악함이 들어올 수 있도록 우리 스스로가 틈을 마련해 주었을 때, 우리가 과거의 잘못을 고치려는 노력을 거부할 때, 아무런 저항이나 대결 없이 사악함에 동조해 버릴 때, 이때 우리는 악을 행한다고 말한다.

지그문트 프로이트에 따르면 악행이란, 특정한 목적 없이 저질러지는 반사회적 행위를 의미한다. 심리학, 특히 프로이트의 이론을 토대로 악행에 대해 쓴 알베르트 괴레스에 의하면, 극도의 좌절감과 과도한 부담감으로 우리의 본능적 욕구가 "공동체의 삶을 깨뜨리는 형식"(Görres 78)과 결합될 때 악행은 그 모습을 드러낸다. "악행의 원천이 마르지 않는 까닭은 그 전염성에 있다. 사랑받기는커녕 부당하게 억압당하며 자란 아이는 성인이 되었을 때 부모에 대한 복수심과 증오를 다른 사람들에게 표출한다. 마치 그들이 자신의 부모이기나 한 듯이. 이처럼 악행이란 빚진 것도 없는 사람에게 불쑥 내미는 오래된 청구서, 혹은 부적절한 곳에서 끝없이 행해지는 때늦은 카드 놀이 같은 것이다"(Görres 80). 프로이트에 따르면 또한, 자신의 영혼이 입은 상처에 대한 잘못된 이해에서 비롯되는 것이기도 한다. 지나치게 오랫동안 방치된 채, 그 욕구의 적절한 충족이 이루어지지 않을 때 악행은 고개를 든다. 어린 시절의 좋지 못한 경험은 많은 경우 우리를 악행의 반복이라는 순환 고리 속에 가두어 버리거나, 지나친 죄의식에 옥죄여 살아가게 만든다. 괴레스는 악행은 사악함을 즐기는 사악한 사람에 의해 저질러지는 것이라는 도덕적 통념을 다음과 같이 반박한다. "악행이란, 결코 후회하지 않는 악의가 즐거움을 위해 저지르는 그 무엇이 아니다. 악행이란, 참을 수 없이 고통스러운 상처와 극심한 결핍에 시달리는 사람이 상황에 떠밀려 그러나 두려움에 떨면서 저지르는 것이다"(Görres 134).

심리학은 우리에게, 악행을 저지르는 사람을 단선적으로 판단해서는 안 된다는 것을 일깨운다. 심리학은 또한 영혼의 성장을 위한 중요한 전제가 악행을 저지른 사람에 대한 용서라는 점도 함께 일깨운다. 나에게 고통을 주었던 사람을 용서할 때 비로소 미움으로 얼음처럼 차갑게 굳은 마음이 녹아 흐른다. 악한 마음이 변화하고 극복된다. 용서하지 않는 마음은 우리 자신에게 잘못하는 것일 뿐만 아니라, 우리 사회에 대한 잘못이기도 한다. 용서가 없다면 우리 사회는 암세포처럼 번진 악행으로 가득 차 버릴 것이기 때문이다.

4. 과장하지도, 부인하지도 말라

 죄를 지었을 때 어떻게 해야 하는가와 관련해서 우리는 다음 두 가지 경향 — 자신의 죄를 지나치게 확대하려는 경향과 자신의 죄를 인정하지 않으려는 경향 — 모두에 빠지지 않도록 주의해야 한다.

 자신의 죄를 극화시키고 확대시킬 때 우리는 자신이 지은 죄와의 객관적인 거리를 상실하게 된다. 그렇게 되면 실제로 지은 죄와는 무관한, 지나치게 확대된 죄의식이 우리를 지배하고 우리를 나락으로 빠뜨린다. 사실 대부분의 자기멸시는 실제로 일어난 그 무엇과는 상관없는 과장의 결과이기가 십상이다(Rauchfleisch 360 참조). 무엇보다도 과장된 죄와 죄의식은 자신에 대한 올바른 반성과 책임을 저해한다. 실제로 무엇이 저질러졌는가를 분석하기보다는 뭉뚱그려 판단하고, 뭉뚱그려 자책한다. 그러나 자책은 교만의 또 다른 모습일 수도 있다. 다른 사람보다 돋보이고 싶은 사람, 그는 남들보다 뛰어난 자신을 드러내고 싶어한다. 그러나 그는 자신의 내면으로부터 교만을 금지하는 초자아의 목소리를 듣는다. 이제 그는 교만했던 자신을 처벌한다. 흔히 사람들은 이와 같은 이들을 최악의 죄인이라고 부른다. 최고가 될 수 없는 그들이 택했던 길이 최악이었기 때문이다. 그들은 자신이 평범한 사람 중의 하나라는 사실을 인정하지 않는다. 그들은 남들보다 모든 면에서 두

드러지기를 원한다. 선행에서의 최고가 불가능하다면, 악행에서라도 최고가 되기를 원한다. 두말할 나위 없이 그들에게 필요한 것은 겸손이다. 그 겸손은, 자신 역시 땅 위에서 살아가는 사람들 중의 한 명이라는 사실을 인정할 줄 아는 용기를 의미하기도 한다.

죄와 관련된 또 다른 위험은 자기 죄를 인정하지 않는 데 있다. 많은 사람들이 자기 죄를 부인함으로써 죄의식에서 벗어나려고 한다. 그들은 자기가 죄인이 아닌 이유를 수없이 제시한다. 가능한 모든 방법으로 자신을 정당화한다. 그러나 자신을 정당화하려고 노력하면 할수록 그들의 내면으로부터 솟아오르는 의심, 즉 자신이 죄인이란 혐의는 커져만 간다. 그리고 남는 것은 자신을 정당화하기 위한 새로운 핑곗거리를 찾아 나서야 한다는 사실뿐이다. 자신이 지은 죄에 대한 부인은 결과적으로 활동의 위축과 평온의 상실을 야기한다. 자신을 정당화하려는 시도가 결국은 공허하다는 사실을 깨닫는 순간 곧바로 내면으로부터 죄의식이 솟아오르기 때문이다.

5. 대화를 통해 얻는 자유

자신이 지은 죄를 인정하는 것은 우리가 지닌 인간으로서의 가치와 자유에 대한 표현이다. 자신의 죄를 정당화하거나 그 책임을 다른 사람에게 전가하는 행동은 결국 자신에게서 인간으로서의 가치와 자유를 박탈하는 것을 의미한다. 내가 지은 죄에 대해 책임지기 위해서는 나의 잘못을 정당화하거나, 그 잘못의 책임을 남에게 전가하려는 태도부터 버려야 한다. 이는 끊임없는 자기멸시의 감옥에서 벗어나 진정한 자아를 발견하고 내면적 성장을 이룰 수 있는 전제이다.

다른 누군가에게 죄를 지었다는 사실을 인정함으로써 우리는 함께 살아가는 삶이 얼마나 중요한지 이해하게 된다(Rauchfleisch 354 참조). 여기서 우리는, 우리가 죄를 지었을 때 취해야 할 올바른 태도 중의 하나가 다른 사람과의 대화임을 알게 된다. 대화를 통해 죄를 인정할 수 있는 용기를 얻게 되고 자신이 지은 죄와 객관적인 거리를 유지할 수도 있게 된다. 뿐만 아니라, 사람들이 함께 살아가는 데 필요한 규율들을 어겨서는 안 된다는 사실도 새삼 깨닫게 된다. "내 죄에 대해 누군가와 얘기함으로써 더 이상 숨길 것도, 나 자신을 다른 사람에게서 격리시킬 필요도 없음을 경험하게 된다. 더욱이, 내 죄를 알게 된 그가 경악과 혐오감으로 나를 외면하거나 처벌의 주먹을 치켜드는 것이 아니라, 오히려 낯설고 두려운 타인이 아닌 인격적 동반자로서 내 곁에 서 있게 된다는 사실도 경험하게 된다"(Wachinger 244).

고해 상대자는 고해자의 죄책감을 진지하게 받아들여야 하며, 비록 고해자가 자신이 지은 죄의 실상을 제대로 깨닫지 못하고 있다 할지라도 그를 지나치게 엄격하게 몰아세워서는 안 된다. 모든 죄의식에는 그 나름의 이유가 있고, 그 이유의 대부분은 어린 시절의 아픈 경험에서 기인했을 가능성이 높기 때문이다. 고해자의 죄의식이 매우 복잡다단해 보여도 고해 상대자는 진지하고 명쾌한 태도를 견지해야 한다(Rauchfleisch 361 참조). 또 하나 고해 상대자가 명심해야 할 것은, 고해자의 죄책감을 지나치게 중시해서도, 그렇다고 그다지 문제될 것 없다는 식으로 경시해서도 안 된다는 점이다. 고해자의 죄책감을 대수롭지 않게 여기는 태도는 고해자의 절박함을 진지하게 받아들이지 않았다는 것을 의미한다. 고해 상대자는 고해자의 처지가 되어 그를 이해하도록 노력해야 한다. 고해자 스스로가 자신이 지닌 죄의식의 정체를 정확히 들여다볼 수 있도록 도와주어야 한다. 그러기 위해서는 다음과 같은 것들이 고려되어야 할 것이다: 죄의식이 만들어내는 그의 심리상태는 어떤 것인가? 어떤 것들이 그에게서 죄의식을 유발하는가? 그는 자신의 어떤 점을 스스로 비난하고 있는가? 그는 현재의 죄의식을 과거의 어떤 특정 경험과 결부시키고 있는가?

나는 고해자들에게 그들이 느끼는 것을 평가하지 말고 들여다보기만 하라고 권한다. 왜곡되지 않은 자신의 느낌과 소통할 수 있을 때 비로소 그들은 그들 영혼의 참된 모습을 볼 수 있기 때문이다. 앞서, 모든 죄의식에는 그 나름의 이유가 있다고 했다. 그러나 병적으로 죄의식을 느끼는 사람의 경우 자신이 무엇 때문에 죄의식을 느끼는지조차 모르고 있을 때가 많다. 사실 그들이 느끼는 죄의식의 대부분은 강박에 기인하는, 따라서 죄의식을 느낄 이유가 없는 것들이다. "고해자가 토로하는 죄책감이라는 것도 실은, 그가 실제로 죄를 지었음을 의미한다기보다는 고통받고 있는 문제를 간접적으로 전달하려는 암시일 수도 있다는 점을 잊지 말아야 한다"(Rauchfleisch 363). 고해를 듣는 사람의 중요한 과제는 고해자가 느끼는 죄의식의 원천이 무엇인지, 그 죄의식의 본질적인 원인이 무엇인지를 찾아, 아마도 고해자 스스로는 한 번도 가본 적이 없는 그곳으로 그를 이끌어 주는 데 있다. 고해자와의 대화를 통해 우리는, 고해자가 느끼는 죄의식 저변에 깊숙이 자리잡고 있는 억압된 성적 욕구, 표현되지 못한 분노, 자학적 경향 등과 만날지도 모른다. 고해의 참된 의미는, 왜곡되지 않은 자신의 모습을 발견하고, 나아가 우리가 받아들이려 하지 않았던 그 모습과 화해하는 것, 바로 그것이다. 고해의 이러한 의미가 실현되었을 때 고해자는, 그의 진짜 죄는 고해한 죄목들의 내용이 아니라, 자신의 모습을 스스로 거부했다는 바로 그 사실에 있음을 깨닫게 될 것이다.

11 고해성사의 구성

고해소에서 내가 경험하는 것은, 고해자들의 고백이라는 것이 대부분 채 몇 분을 넘기지 않는다는 사실이다. 뿐만 아니라 고해 내용이라는 것도 극히 형식적인 것에 불과할 때가 다반사다. 상황이 이쯤 되면 나 같은 사제에게나 고해자에게나, 고해 시간이 의미와 가치로 충만해지기란 결코 쉬운 일이 아니다. 물론 나는 사람들이 사적인 일에 관해 말하는 것을 무척 꺼린다는 것을 잘 안다. 그래서 나는, 그들이 얘기한 것들 중에서 그들을 가장 괴롭히는 것이 무엇인지 혹은 가장 큰 문제라고 생각하는 것은 무엇인지 되묻곤 한다. 그러면 어떤 이들은 나의 반문에 감사하며 그들의 개인사를 털어놓기도 하지만, 또 어떤 이들은 내 질문을 못 들은 척 외면해 버리기도 한다. 그러면 결국 나는 그들의 내면 속으로 들어가는 것을 포기할 수밖에 없다. 실망스럽긴 하지만 나는, 그들은 배운 대로 고해를 할 수밖에 없다는 사실을 존중해야 한다. 그럴 때 내가 고해자들에게 해 줄 수 있는 말이란, 자기 자신을 용서할 수 있는 용기를 가지라는, 그저 원칙적인 말뿐이다. 그러고는 보속으로 「주님의 기도」한 번과 자신의 삶에서 감사해야 할 부분이 무엇인지 또 변화를 원하는 부분은 무엇인지 단 몇 분이라도 곰곰이 생각해 보기를 권한다. 이렇게 해서라도 나는, 나와 고해자가 나눈 대화가 단지 형식적인 것에 머물러 버리는 것을 막고 싶은 것이다.

앞으로 기술할 내용은 꼭 고해소에서 행하는 고해성사에 국한된 것이 아니다. 사제의 방이든, 고해자의 방이든, 공간에 구애됨이 없이, 대화 형식으로 이루어지는, 고해자가 충분한 시간을 가지고 자신을 표현할 수 있는 보다 실질적인 예식의 구성을 살펴보려 한다.

인 사

고해는 짧은 인사로 시작된다. 먼저 사제와 고해자는 성호를 그음으로써 성호의 십자 속에서 빛을 발하시는 은혜로운 하느님의 사랑 아래 서게 된다. 사제는 다음과 같은 짧은 기도를 준비한다. "우리의 마음을 비추시는 하느님께서 당신에게, 당신의 죄를 바르게 통찰하고 하느님의 은총을 깨달을 수 있는 힘을 내려 주시기를 기원합니다." 물론 다른 기도도 얼마든지 가능하다. 내가 즐겨하는 기도를 예로 들어 보겠다. "은혜로운 하느님, 자신의 삶을 온전히 당신에게 맡기기 위해 ○○○가(이) 당신을 찾아왔습니다. 이제 그로 하여금 무엇이 당신을 향한 참된 삶을 방해하는지 깨닫게 하십시오. 그에게 당신의 성령을 보내시어 그를 억누르는 모든 것으로부터 그를 자유롭게 하십시오. 그가 당신의 자비로운 용서를 믿게 하시고, 그가 스스로를 용서할 수 있게 하십시오. 그리하여 그가 당신을 향한 길로 자유롭게 그리고 기운차게 나아갈 수 있도록 은총을 내려 주십시오. 우리 주 그리스도의 이름으로 비나이다."

기도에 이어 사제는 고해자에게 도움이 될 성서 한 구절을 읽는다. 다음은 속죄 예식와 관련된 성서 구절이다: 로마서 3장 22-26절, 5장 6-11절, 6장 2-13절, 12장 1절, 9-19절, 13장 8-14절; 요한의 첫째 편지 1장 5-10절, 3장 1-24절, 4장 16-21절; 마태오 복음 3장 1-12절, 4장 12-17절, 9장 9-13절; 루가 복음 15장 1-10절, 15장 11-32절, 17장 1-4절, 18장 9-14절. 고해자에게 나는 요한의 첫째 편지 중에서 다음 구절을 자주 읽어 주곤 한다. "우리가 듣고 알리는 소식이란 곧 하느님은 빛이시며 그분 안에는 어둠이 전혀 없다는 것입니다. 우리가 그분과 친교를 나눈다고 말하면서도 어둠 속을 거닐고 있다면 그것은 거짓말을 하는 것이지 진리를 행하는 것이 아닙니다. 그러나 그분이 빛 속에 계신 것처럼 우리가 빛 속을 거닐고 있다면 우리는 서로 친교를 나누게 되고 또한 그분 아드님 예수의 피가 우리를 온갖 죄에서 깨끗하게 해 줍니다. 우리가 죄 없다고 말한다면 자신을 속이는 것이며 우리 안에 진리가 없습니다. 우리가 죄를 고백한다면 그분은 진실하고 의로우시니 우리 죄를 용서하고 온갖 불의에서 우리를 깨끗하게 해 주실 것입니다. 우리가 죄를 짓지 않았다고 말한다면 그분을 거짓말쟁이로 만드는 것이며 그분 말씀이 우리 안에 있지 않습니다"(1요한 1,5-10). 이 성서 구절은 고해자로 하여금 자신 안에 도사리고 있는 어둠을 바라보도록 이끌어 준다. 그러면 그는 하느님 사랑의 빛 안에서 자신의 모습이 있는 그대로 드러날 수 있도록 온전히 자신을 내맡긴다. 이렇듯 성서 말씀은, 우리가 우리의 잘못을 외면도 부인도 하지 않고 직시하면서 마음을 열고 고해할 용기를 북돋아 준다.

성 찰

도대체 무엇을 고해해야 하는지 잘 모르겠다는 사람들이 많다. 실제로 그들은 교회에서 신자들에게 참고용으로 제시하는 고해 목록이 적절하지 못하다고 불평하면서도 막상 자신이 하는 고해 내용은 고해 목록의 항목에서 벗어나지 못한다. 그러나 많은 사람들이 이와 같은 고해란 두말할 나위 없이 형식적이고 틀에 박힌 것이라는 것을 잘 알고 있다. 고해를 위해 살펴보아야 할 것들을 크게 셋으로 나누면 이렇다: 첫째, 나와 하느님과의 관계; 둘째, 나와 나 자신과의 관계; 셋째, 나와 타인과의 관계. 고해자는 이 세 관계를 면밀히 검토하여 자신이 그 관계 속에서 어떤 상태에 있는지, 어떤 관계가 자신을 불만족스럽게 하는지 혹은 어떤 관계에서 자신이 죄책감을 가지는지 살펴보아야 한다.

많은 사람들이 자신은 뉘우쳐야 할 죄를 지은 적이 없다고, 따라서 고해해야 할 것이 없다고 말한다. 그러나 고해는 단지 죄를 고백하는 문제만은 아니다. 고해 행위는 스스로의 삶을 성찰하고 그 성찰의 내용을 말로 표현하는 것이다. 대부분의 사람들은 스스로에게 만족스럽지 못한 부분이 있게 마련이다. 과연 그것이 죄인지, 아니면 나약함인지, 혹은 경솔함인지, 그것도 아니라면 일상적인 실수에 불과한 것인지를 명확하게 판단하기란 쉽지 않다. 그러나 우리가 정확한 판단을 내릴 수 있는가 없는가의 문제 역시 그다지 중요한 것은 아니다. 중요한 것은 우리가, 자신의 삶을 성찰하고, 그 결과 우리를 불안하게 만드는 것이 무엇인지 언급할 수 있는가 하는 문제다. 예를 들어 어떤 사람이 아버지나 어머니, 혹은 직장 동료와 갈등을 겪고 있다면 그 갈등의 대상에게 가지는 자신의 생각이 죄인지 아닌지를 판단하기에 앞서 그 갈등 상황 속에서 자신은 어떤 위치에 있는지, 어떤 느낌을 가지고 있는지, 또 어떻게 행동하고 있는지를 먼저 설명해야 한다. 이와 같은 대화를 통해서 비로소 자신이 책임져야 할 부분이 있는지 없는지, 있다면 그것이 무엇인지, 그리고 갈등을 해소하기 위해 자신이 무엇을 해야 할 것인지가 분명해질 것이다. 갈등을 해소하기 위해 갈등 상황을 외면해 버리거나, 일방적으로 자신의 탓이라고 여겨 버리는 것은 결코 바람직하지 못하다. 객관적인 거리를 두고 자신을 살펴볼 필요가 있다. 분명한 것은 어떤 경우에도 잘못이 한쪽에만 있는 것은 아니라는 점이다. 서로서로 얽혀 있는 갈등 속에서 자신을 객관화할 수 있을 때 비로소 우리는 다른 사람도 객관적으로 평가할 수 있는 올바른 시각을 가지게 된다.

대부분의 사람들은 지금 당장 그들을 괴롭히고 있는 문제에 대해 고해한다. 그리고 그들은 대화를 그 구체적인 하나의 문제에 국한시킨다. 이 역시 충분히 의미 있는 일이다. 그러나 그들이 정작 알고 싶은 것은, 혹은 알아야 하는 것은 그 문제의 실상, 즉 본질적인 원인이 무엇인가 하는 것이다. 문제의 근원에 접근하기 위해서는, 앞서 말한 바와 같이, 무엇보다 자신이 겪고 있는 문제 상황을 고해자가 왜곡시키지 않고 직시·직언하는 것이 필요하다. 고해자가 자신의 문제를 있는 그대로 표출할 수 있게 되었다면 사제는 고해자에게, 그런 문제 상황 속에서 고해자가 원하는 것이 무엇이며, 그것을 위해서 할 수 있는 것이 무엇인지 물어야 할 것이다. 그리고 그들이 저지른 잘못을 그들 스스로가 용서할 준비가 되어 있는지도 반드시 물어보아야 한다. 고해자가 자신의 잘못을 인정한다 하더라도, 하느님의 은총을 믿고 자신을 용서할 준비가 되어 있지 않다면 결국 고해성사의 궁극적 목적인 화해에 도달할 수가 없기 때문이다. 또 고해를 받는 사람의 질문이 결코 호기심의 소산이어서는 안 된다. 철저하게 그것은, 고해자가 자신에 대해 더 많이 얘기할 수 있도록, 그리고 문제의 근원이 어디에 있는지를 고해자 스스로가 찾을 수 있도록 도움을 주기 위한 것이어야 한다. 고해자를 죄와 죄책감으로부터 자유롭게 하겠다는 목적의식 아래에서 진행되는 대화를 통해서만 고해자는 그의 내면을 숨김없이 드러내기 때문이다.

고해와 관련해 많은 사람이 느끼는 문제점, 즉 무엇을 어떻게 고해해야 하는가에 대해 몇 가지 제안을 하고자 한다. 우선 하느님과의 관계에 관해서는 이렇게 자문해 보자: 하느님은 나의 삶에서 어떤 존재이신가?

나는 하느님을 내 삶에 받아들이는가? 나는 하느님을 갈망하고 있는가? 아니면 곁에 계신 하느님을 그냥 지나쳐 버리는가? 나는 하루 중 어떤 행위로 하느님의 현존을 일깨우는가? 나는 아침마다 하느님의 축복 속에서 하루를 시작하는가? 아니면 하느님과 무관한 아침을 맞고, 하느님과 무관한 하루를 보내는가? 나와 하느님의 관계가 공허하지는 않았는가? 나는 나를 위해 하느님을 이용하고 있지는 않은가? 아니면 나 자신 있는 그대로의 모습을 온전히 하느님께 맡기고 있는가? 나는 하느님을 내 삶의 원천이자 목표라고 말할 수 있는가? 이 모든 질문들은 일견 죄와 아무런 관련이 없는 것처럼 보인다. 하지만 이와 같은 질문들을 토대로 대화가 진행될수록 고해자는 자신이 어떤 부분에서 하느님과의 관계를 끊어 버렸는지 보다 민감하고, 분명하게 느끼기 시작한다. 누군가가 하느님과의 관계를 끊어 버렸다는 것은 그가 하느님 앞에서 죄의식을 느끼고 있다는 것을 반증한다. 비록 그가 어떤 계율을 어기지 않았다 하더라도 말이다. 결국 하느님과의 관계에 관한 위의 질문은 내 양심에 관한 질문인 셈이다.

  나와 나 자신과의 관계에 관련된 질문은 내가 나 자신을 어떻게 다루고 있는가의 문제로부터 시작될 것이다: 나는 주체적으로 살고 있는가, 아니면 살아지고 있을 뿐인가? 나는 내면적으로 완전히 자유로운가, 아니면 나는 누구에게 혹은 무엇에 얽매여 있는가? 건강에 주의를 기울이는가? 건강을 위해 무엇인가 하고 있는가? 하루를 계획해서 살아가는가, 아니면 하루라는 시간을 때울 뿐인가? 나는 나 스스로를 심판하고 있지는 않은가? 나 스스로를 과소평가하고 있지는 않은가? 나는 어떤 상상들을 하는가? 그 상상들은 어디로부터 온 것인가? 그 상상들에 나는 어떻게 대응하고 있는가? 나는 우울에 빠져 있지는 않은가? 혹은 자기연민에? 끊임없이 스스로를 동정함으로써 오히려 자신을 추락시키지는 않는가?

이제 우리가 자신에게 던져야 할 마지막 범주의 질문들은 타인과의 갈등에 관한 것들이다. 예컨대: 그와 나 둘 중 어느 한쪽만 과도한 부담을 진 관계는 아닌가? 그렇다면 그런 갈등상황을 나는 어떻게 보고 있는가? 그는 어떻게 받아들이고 있는가? 왜 그렇게 되었는가? 그는 나에게 무엇을 연상하게 하는가? 그를 받아들이는 것이 내게는 왜 그렇게 힘이 드는가? 그는 내게 어떤 상처를 주었는가? 만약 고해자가 주위의 누군가와 갈등을 겪고 있다면, 자신을 혹은 그 누군가를 탓하거나 용서하기 전에 먼저 그 갈등 양상을 설명하려고 노력해야 한다. 자신이 겪고 있는 갈등에 대한 설명이 진행되면 될수록 아마도 고해자는 갈등에 대한 자신의 책임이 어디에 있는지, 갈등을 해소하기 위해 자신이 해야 할 일이 무엇인지 점점 또렷해지는 느낌을 받을 수 있을 것이다. 타인과의 관계가 비록 갈등 상황에 놓여 있지는 않다 하더라도 다음과 같은 성찰은 필요할 것이다: 나는 그에 대해 어떤 말들을 하는가? 어떤 생각을 하는가? 나는 그를 존중하고 있는가, 아니면 멸시하고 있는가? 마음속으로 그를 끊임없이 판단하고 심지어 심판하고 있지는 않았는가? 나는 그 위에 서 있지는 않은가? 나는 그에게 상처를 주지는 않았는가? 나는 그를 조심스럽게 대하고 있는가? 나는 그가 어떻게 지내고 있는지 마음을 쓰고 있는가, 아니면 오직 나 자신에게만 몰두해 있는가?

사제의 권고

사제는 고해자의 고통을 위로하는 존재가 되어야 한다. 아울러 사제는 고해자의 잘못된 판단을 지적하고 바로잡는 영적 지도자 역할도 수행해야 한다는 점을 잊어서는 안 된다. 고해하는 동안 고해자가 자신의 문제 상황을 부적절하게 파악하고 있다면 사제는 고해자가 자신의 오류를 바로잡을 수 있도록 도와주어야 한다. 이 말은, 사제가 준엄한 질책으로 고해자를 몰아세우는 엄격한 심판자가 되어야 한다는 뜻이 아니다. 사제는 권고를 통해 고해자가 자신의 상황을 올바르게 이해하는 데 꼭 필요한, 그러나 놓쳐 버리고 있는 중요한 정보에 주의를 기울이도록 도와주는 동반자가 되어야 한다는 뜻이다. 고해를 하면서도 자신의 잘못을 정확히 이해하지 못하는 고해자에게 나는 이렇게 권고하곤 한다. "당신이 생각하기에 당신의 삶이 어긋나기 시작한 시점, 다시 말해 하느님께서 원하시는 삶의 모습을 당신이 거부하기 시작한 시점이 어디인지 다시 한 번 살펴보십시오." 이런 권고를 통해 나는, 고해자를 그의 내면 깊숙이 감추어진 진실로 이끌고자 한다. 자신이 책임져야 할 부분이 어디에 있는지 고해자가 발견할 수 있도록 말이다.

고해가 끝난 후 사제가 고해를 들으면서 느꼈던 점들을 얘기한다면 더욱 의미있는 고해성사가 될 것이다. 고해자의 어떤 말이 자신을 감동시켰는지, 고해를 들으면서 어떤 생각이 떠올랐는지 말이다. 이때 사제는 자신의 솔직한 느낌을 존중하고 또한 그 느낌을 진솔하게 표현해야 한다. 이와 같은 사제의 말은 고해자로 하여금 자신의 처지를 제삼자의 거울을 통해 바라볼 수 있는, 따라서 새로운 방식으로 바라볼 수 있는 기회를 제공한다. 사제가 자신이 받았던 인상에 대해 언급함으로써 또 다른 대화가 이어질 수도 있을 것이다. 잊지 말아야 할 것은 이 대화가 길지 않아야 한다는 점, 무엇보다도 고해 내용과 관계된 것이어야 한다는 점이다.

실천 계획

아일랜드의 고해 예식에서는 통상적으로 각각의 죄에 상응하는 고유한 속죄행위가 부과되었다. 죗값은 반드시 치러야만 한다는 생각 때문이었다. 그러나 이 같은 생각은 고해와 속죄에 대한 올바른 이해에 꼭 부합하는 것은 아니다. 중요한 것은 잘못에 대한 청산이 아니라, 고해자의 영적 성장이다. 이를 위해서는 고해자에게, 잘못된 상황을 개선하기 위해 무엇을 하고 싶은지, 그리고 어떻게 그 계획을 실행하고 싶은지 질문해야 한다. 사제는 또한 그 계획들이, 지켜질 수 있고 고해자의 영적 성장으로 직결되는 구체적인 것들이 되도록 도와야 한다. 많은 사람들이 "자신을 변화시킨다는 것은 애당초 실패할 것이 뻔한 계획일 뿐이야. 미워하는 사람을 어떻게 오늘부터 갑자기 친절하게 대할 수 있겠어? 맘속에서 치솟는 감정을 어떻게 오늘부터 갑자기 막아 버릴 수 있겠는가 말이야?" 하고 말한다. 그러나 내가 말하는 것은 어떤 결단을 내려야 한다는 것이 아니다. 그것은 고해자 스스로 자신의 처지에 맞게 세워 실천이 가능하다고 판단되는 계획 같은 것이다. 예컨대 "나는 매일 아침 집을 나설 때마다 오늘 만나게 될 사람들을 위해 기도할 거야"와 같은 계획도 생각해 볼 수 있겠다. 이 계획은 우리가 매일 만나게 되는 사람들과 잘 지내고 싶다는 바람을 반영하고 있다. 물론 우리가 세운 계획을 매일 실천한다고 해서 우리의 바람이 꼭 실현되는 것은 아니다. 우리 소망이 실현될 수 있는지의 여부는 우리가 어찌할 수 없는 다른 많은 요소에 달려 있기 때문이다. 그럼에도 불구하고 사람들과 조화롭게 지내기 위해서 우리가 할 수 있고 해야 하는 것은, 매일 앞서 세운 계획을 실천하는 것이다.

내가 말하는 실천 계획이란 중세에서처럼 엄격한 속죄의 성격을 띠는 것이 아니다. 그것은, 우리가 우리의 나약함으로 인해 속수무책으로 내팽개쳐질 수밖에 없는 존재만은 아니라는 사실을 자신에게 일깨워 주기 위한 것이다. 많은 사람들이 동일한 잘못을 반복해서 저지르고 반복해서 고해한다. 그러나 우리는 조금씩이라도 변화해야 한다. 비록 온전히 선량한 모습으로 환골탈태換骨奪胎할 수는 없다 할지라도 조금씩이나마 변화해야 하고, 또 그것을 위해 작은 것이라도 실천해야 한다. 사제는, 고해자가 영적 성장을 위해 무엇을 실천할 수 있는지를 발견할 수 있도록 도와주어야 한다. 고해자가 아무것도 발견하지 못한다면 사제가 무엇인가를 제안할 수도 있을 것이다. 그러나 그것은 결코 강압이 되어서도, 강압으로 비춰져서도 안 된다. 사제가 실천 계획을 제안할 수밖에 없다면 사제는 반드시 고해자에게 제안과 관련해 이런저런 상황을 가정해 본 다음 그

제안이 과연 실천 가능한 것인지를 따져 보아야 한다는 점을 일깨워 주어야 한다. 실천이 불가능한 계획은 무의미하기 때문이다.

잘못에 대한 책임

고해자의 고백이 끝나면 으레 짧은 통회기도가 뒤따르곤 한다. 많은 사람들이 이렇게 기도한다. "저는 선을 소홀히 하고 악을 행하였나이다. 이를 통회하오니 주님 저를 불쌍히 여기소서." 그러나 이 같은 통회기도와 함께 과연 고해자의 마음도 기도문처럼 참회로 가득 차 있는지는 조심스레 따져 보아야 할 문제다. 많은 사람들은 말한다. "고해소에서 고해하기는 했죠. 그렇지만 사실 나는 여전히 내가 고해했던 그 일이 정말 나의 잘못이라고는 받아들이지 못하고 있어요. 그런데도 마음속이 영 석연치 않고. 고해라도 하지 않으면 맘껏 나돌아다닐 수도 없을 것도 같고." 고해에 대한 이와 같은 이해는 마치 면죄를 통해 정화되기 위해서 먼저 죄인이 되어야 하거나 아니면 적어도 죄인처럼 느껴야 한다는 생각과 비슷하다. 자신의 가치를 절하하는 이런 생각은 죄의 반복을 고착시키는 요인이 될 뿐만 아니라, 하느님께서 창조하신 인간 존엄성을 훼손하는 것이기도 하다. 지속적으로 다른 여자들과 성관계를 가졌지만 다른 면에서는 경건했던 한 남자는 늘 자신을 아주 질 나쁜 죄인으로 생각했고 또 그럴 때마다 잘못을 후회했다. 그는 자주 고해소를 찾았지만 그의 행동은 달라지지 않았다. 자신에 대한 평가 절하는 자신을 변화시키는 동인이 되지 못한다.

트리엔트 공의회는 통회를 "앞으로 더 이상 죄를 짓지 않겠다는 결의와 함께 느끼는 영혼의 통증, 죄에 대한 혐오"라고 규정하고 있다. 하지만 통회에 대한 이와 같은 정의로부터 오늘날 고해자의 변화를 기대하기는 어렵다. 칼 라너는, 오늘날 사람들이 이해할 수 있도록, 다시 말해 현대인들에게 유용하도록 통회 개념이 재정의될 필요가 있다고 신중하고 조심스럽게 권한다. 라너에 따르면 통회(참회)란 과거에 대한 "심리적·정서적 충격과는 아무런 관련이 없는 것"(Rahner 301)이다. 통회의 마음은 오히려 과거에 대한 부정에서 생긴다. 여기서 과거에 대한 부정이란 말은 자신의 과거를 외면하라는 뜻이 아니다. 오히려 과거의 잘못을 직시하고 그것에 대해 책임질 준비를 하는 것을 의미한다. 이렇게 할 때 우리는 과거에서 자유로워질 수 있기 때문이다. 과거에 대한 분석보다 중요한 것은 "사랑으로 용서하시는 하느님께로 돌아서는 것"(Rahner 302)이다.

통회·참회를 의미하는 독일어 "로이에"Reue는 슬픔·영적 고통·고뇌 등에 그 어원적 의미를 두고 있다. 물론 슬픔이나 아픔 혹은 괴로움은 통회 과정에 수반되는 정서상태인 것은 분명하다. 그러나 이러한 정서상태가 곧 통회를 의미하는 것은 아니다. 중요한 것은 내가 하느님의 뜻에, 동료들과의 화합에, 그리고 원하는 진실에 상응한 행위를 하지 않은 데 대한 성찰이다.

고해자에게서 가끔 이런 말을 듣는다. "신부님, 저는 제 외도를 진심으로 뉘우칠 수는 없어요. 저는 그 여자에게 진정으로 만족할 수 있었거든요." 물론 자신의 외도를 혐오하는 것은 별 의미가 없다. 문제는 그 행위가 가져오는 결과들이다. 당신의 외도는 당신 아내에게 상처를 주었고 또 주고 있다. 그 여자와의 관계를 지속한다면 당신의 영혼은 혼란상태로부터 빠져 나오지 못할 것이고, 계속해서 당신은 당신을 분열시키는 내면적 갈등 속에서 살아가야 할 것이다. 당신은 "그럼, 내 아내에게서 채울 수 없는 욕구들은 어떻게 하죠?"라고 반문할지도 모른다. 그러나 당신이 지닌 모든 욕구들이 다 만족될 수는 없다. 욕구의 제한 없이 모든 것을 영위할 수 있는 삶은 존재하지 않다. 더욱이 당신의 욕구가 당신의 아내에게 상처를 준다면 당연히 제한되어야 한다. 이제 당신은 "단순한 성적 욕구가 아니라 진정으로 아내 아닌 다른 여자를 사랑할 수도 있잖아요?"라고 다시 반문할지도 모른다. 그러나 당신은 당신의 행위에 대해서 당신 입장에서뿐만 아니라, 당신 아내의 입장에서도 책임을 져야 한다는 것을 잘 알고 있다. 그리고 당신은, 힘이 들더라도 내면을 분열시키는 부적절한 욕구를 제한하는 것이 당신 영혼에 얼마나 좋은 일인지도 잘 알고 있다.

적절하지 못한 통회는 우리를 과거에 얽매여 살아가게 한다. 끊임없이 과거에 지은 죄 주위를 맴돌게 하여 우리 자신을 바닥으로 내동댕이쳐 버린다. 죄의식에 얽매여 있는 한 우리는 결코 새로운 삶을 향해 우리 자신을 해방시키지 못한다. 안토니우스 교부는 팜보 교부에게 다음과 같이 충고하고 있다. "자네만의 정당함 위에 집을 짓지 말게. 또한 이미 지난 일을 후회하지 말게. 그리고는 입과 배를 절제하게"(*Apophtegma* 6). 안토니우스 교부의 충고는 모든 과거를 합리화하라는 것이 아니다. 지나버린 일들 속에 웅크리고 있는 것은 아무 도움이 되지 못한다는 뜻이다. 지난 일은 지난 일이며, 지금 존재하는 것은 지금 존재하는 것이다. 끝없이 자신을 질책하는 것은 결코 유익하지 않다. 과거에 매달리는 까닭은 많은 경우 자신의 정당함에 대한 과신 때문이다. 우리가 죄를 지었을 때, 우리는 자신이 바라는 바와 달리 그다지 이상적이지 못하다는 사실을 알고는, 이상적이지 못한 자신을 용서하지 않는다. 우리가 과거의 잘못에 얽매이게 되는 것은 자신이 정당하다는, 혹은 정당할 수 있었다는 교만에 기인한다. 따라서 자신만의 정당함 위에 집을 짓지 말고 이미 지난 일을 후회하지 말라는 안토니우스 교부의 말은 결국 팜보 교부와 우리에게 겸손을 가르치고 있는 것이다. 우리가 정당한 때는 없다. 우리는 늘 되풀이해서 잘못을 저지른다. 이처럼 불완전한 자신의 모습에 대해 교만할 까닭도 좌절할 까닭도 없다. 과거에 저지른 잘못은 과거 속에 있도록 놓아두라. 그러면 우리의 영적 에너지는 과거에 붙들려 소진되지 않고 미래를 향해 뻗쳐 나갈 것이다.

안토니우스 교부는 혀와 배를 절제하라고 촉구하고 있다. 만약 우리가 죄를 지어 우리 영혼이 상처를 입게 되었다면 우리는 말을 절제하고 침묵을 실천해야 한다. 우리는 그 침묵 속에서 인간과 자기 자신을 바라보는 관점이 새롭게 변화되는 것을 경험할 수 있다. 만약 죄인이 혀의 절제, 다시 말해 침묵을 실천하면서 배의 절제, 즉 금욕을 실천한다면 그의 상처 입은 영혼은 빠르게 회복될 것이다. 안토니우스 교부의 금언은 우리가 통회를 어떻게 이해해야 하는가를 잘 보여 주고 있다. 더 이상 자신을 괴롭히지 않고 자신의 잘못된 과거를 하느님께 내맡길 수 있을 때 비로소 우리는 우리가 지은 죄를 진정으로 뉘우쳤다고 할 것이다. 진정으로 통회하는 자는 자신이 걸어가야 할 길을 하느님께서 밝혀 주실 것을 기도하는 자이며, 하느님께서 밝혀 주시는 그 길에 하느님의 사랑과 자유 그리고 활기가 가득 차

있음을 의심하지 않는 자이다. 진심 어린 통회의 마음을 표현하고 싶다면 이렇게 기도하자. "그리스도님 자비를 베푸소서."

용서

고해자가 고백을 마치고 사제와 고해자가 대화를 나눈 다음, 사제는 사죄의 은사를 베푼다. 사죄란 문제의 해결을, 그리고 과거로부터의 자유와 죄인에 대한 하느님의 용서를 의미한다. 예수님 이름으로 사제는 고해자에게 하느님의 용서를 약속하며 고해자의 머리에 손을 얹는다. 사제의 안수는 하느님의 용서가 가시적으로 표현된 것이다. 다시 말해 죄인이 자신은 물론 자기 죄까지 하느님께서 조건 없이 감싸 안으셨다는 것을 생생하게 경험하는 예식이다. 고해성사에서 사제는 사죄경을 외운다. "인자하신 천주 성부께서 당신 성자의 죽음과 부활로 세상을 당신과 화해시켜 주시고 죄를 사하시기 위하여 성령을 보내주셨으니 교회의 직무 수행으로 몸소 이 교우에게 용서와 평화를 주소서. 나도 성부와 성자와 성령의 이름으로 이 교우의 죄를 사하나이다. 아멘." 하지만 모든 고해성사에서 하는 이 공식적인 기도에 앞서 고해자의 고해 내용이 요약된 개인 기도를 드리는 것도 의미있는 일일 것이다. 예컨대 이런 것이다.

"인자하시고 자비로우신 주님, 당신께서 ○○○에게 베풀어 주신 모든 것을 그와 함께 감사드립니다. 그가 다른 이들에게 상처를 주고 그리하여 자신의 영혼까지 해친 그곳으로부터, 그가 당신을 소홀히 하였던 그곳으로부터 벗어날 수 있도록 도와주십시오. 그를 용서해 주십시오. 변화시켜 주십시오. 그가 당신 사랑의 원천에 닿을 수 있도록 도와주십시오. 당신께서 베풀어 주시는 용서의 사랑이 그의 영혼 구석구석까지 퍼져 흐르게 해 주십시오. 그리하여 이제 그가 스스로를 용서할 수 있도록, 자신이 당신께 조건 없이 받아들여졌다는 것을 분명히 느낄 수 있도록 도와주십시오. 교회의 이름으로 비나이다. 주님, 자비로운 아버지 당신께."

예식 형태로 행해지는 용서는 고해자로 하여금 하느님의 용서를 의심없이 받아들일 수 있게 한다. 누군가가 실제로 죄를 지었을 때 그 죄인은 어김없이 자신이 속한 공동체에서 제외되었다고 느낀다는 사실을 심리학자 융은 거듭 강조한다. 뿐만 아니라 그는, 공동체에서 소외되었다고 느끼는 사람은 자기 자신에게서도 소외감을 느낀다고 말한다. 죄인은 이 같은 소외와 분열에서 자신을 해방시킬 힘이 없다. 그를 해방시킬 수 있는 것은 하느님의 용서뿐이다. 그럼에도 불구하고 그는 하느님의 용서가 가시화되지 않는 한 자신이 용서받았다는 사실을 의심한다. 자신을 용서하기를 주저한다.

융에 따르면, 우리 죄를 용서하시어 우리 영혼을 자유롭게 하시는 하느님의 사랑에 대한 의심을 극복하게 하는 것이 바로 가시화된 용서, 용서 예식이다. 우리 무의식 속에는 하느님의 용서에 대한 믿음을 가로막는 빗장이 하나 있다. 모든 죄는 그 대가가 치러져야 한다는 원형原型적 표상이 바로 그것이다. 무의식 깊이 가로질린 이 빗장을 걷어내기 위해서는 하느님께서 우리를 조건 없이 받아들였다는 사실이 무의식의 심연에까지 전달되어야 한다. 여기서 필요한 것이 초인격적 표상을 지닌 예식 형식이다. 따라서 용서 예식을 통해 하느님의 용서는 의식과 무의식의 경계를 뛰어넘어 내면 깊숙이 다다르게 되는 것이다. 예식은 한 사람의 사제가 집전하는 개인적 행위가 아니다. 예식에서 사제는 근원적 치유력에 동참한다. 이는 모든 종교가 지닌 확신이기도 하다. 이러한 확신에 심리학자 융도 예외가 아니다. "순수하게 개인적인 의미를 지니는 것들은 예식을 통해 단숨에 개인을 뛰어넘어 연대적인 의미와 성스러운 관점을 획득하게 된다"(Jung, *Briefe* II, 440).

하느님 은총 속에서 떠나는 길

고해성사는 하느님의 자녀로 받아들여진 고해자가 다시 활기차게 살아가기 위해 세상 속으로 떠나는 것과 함께 마무리된다. 마침기도는 평화를 기원하는 인사의 형식을 띤다. "주님께서 죄를 용서해 주셨습니다. 평안히 가십시오." 바로 이 짧은 기도를 통해, 고해자가 다시 하느님과 공동체의 품으로 온전히 받아들여졌음을 선포하는 것이다.

 이제 불화와 분열의 어둠에서 벗어나 새로운 길을 떠나는 그에게 하느님의 은총을 빌어 주어야 한다. 그리고 그가 하느님을 향한 그 길을 도중에 포기하지 않도록, 하느님의 자비를 믿으며 끝까지 갈 수 있도록 용기를 북돋아 주어야 한다. 물론 단 한 번의 이탈 없이 끝까지 그 길을 가기란 결코 쉬운 일이 아니다. 그러나 중요한 것은 언제 어느 때라도 우리 곁에는 변함없이 우리를 사랑하시고, 우리의 상처를 치유하시는 하느님께서 계시다는 사실을 잊지 말아야 한다는 것이다.

111 화해하는 삶

자신과의 화해

매번 고해성사를 보면서도 결국 자기 자신과는 화해하지 못하는 경우가 허다하다. 그러나 우리가 진정한 그리스도인이 되기 위해서는 스스로에게 "그래, 괜찮아"라고 말할 수 있어야 한다. 진정한 신앙인의 길은 자신의 삶을 거부하지 않고 받아들이는 데서 시작되기 때문이다. 자기의 유년 시절은 남들에게 이해받지 못하여 늘 상처투성이였다고, 평생을 회한으로 보내는 사람들이 많다. 그들은 스스로 책임지며 살지 못하는 삶을 합리화하는 데 그들의 상처받은 유년을 이용한다. 자기 불행이 부모 때문이라고 생각하며, 끊임없이 부모를 비난하는 구실로 상처받은 유년을 이용한다. 자신을 받아들이지 못하고, 자신의 삶을 책임지지 못해 늘 불화 속에서 지내는 사람에게는 그 어떤 신앙 예식도 도움이 되지 않는다.

  자기 자신을 받아들인다는 것은 있는 그대로의 자기 모습과 화해하는 것을 의미한다. 고해소에서 만나는 많은 이들의 고해에는 자기 모습에 대한 깊은 혐오가 스며 있다. 그들은 있는 그대로의 자기 모습을 받아들이지 못한다. 그러나 그들이 혐오하는 자기 모습은 있는 그대로 받아들이기에 충분한 것들이다. 그들의 자기 혐오는 자기 모습이 멋진 남자, 매력적인 여자가 지닌 이상 상像과 일치하지 않는다는 불만에 기인한 것일 뿐이다. 너무 뚱뚱한 자신을 용서하지 못한다. 조금 튀어나온 턱을 용서할 수 없다. 손 모양도 자기가 원하는 것이 아니다. 뭔가 불안하면 빨개지는 얼굴빛, 진땀이 흐르는 이마도 못마땅하다. 지극히 자연스러운 현상임에도 불구하고 그것과 맞서 싸우려 한다. 그러나 그들이 자신을 거부하면 할수록 상황은 점점 악화될 뿐이다. 이제 우리는, 평생 잊지 말아야 할 중요한 과제 중의 하나가 바로 우리의 모습을 받아들이고 스스로를 사랑하는 것이라는 것을 깨달아야 한다.

  자신의 결함과 직면하면 화가 치민다. 완벽한 사람이 되고 싶기 때문이다. 그 소망이 강렬하면 할수록 더욱더 민감하게 자신의 결함을 감지하게 된다. 욕구불만은 이제 다른 사람들에 대한 증오로 이어진다. 누군가에 의해 자신의 결함이 노출된다고 판단되면 자신뿐만 아니라 그 누구도 받아들일 수 없게 된다. 우울증이 엄습하고 마음속에 까닭 모를 질투심이 차오르면 자신을 심판하기 시작한다. 사랑을 실천해야 할 신앙인으로서 이웃을 배척하고 질투하는 자신을 또다시 용서할 수 없다. 이제 더욱 깊은 자책의 수렁으로 빠져든다. 그러나 자책이 심해지면 질수록 어두운 분노와 질투는 강해질 뿐이다. 해결책은 겸손이다. 자신에게 겸손을 요청해야 한다.

 겸손은 용기다. 우리가 외면하고 싶은 불행 속으로, 우리가 맞닥뜨리고 싶지 않은 결점 속으로 들어가 그것들을 바라볼 수 있는 용기다. 그러나 자신의 불행과 결점들을 바라볼 용기를 지니게 되었다고 해서 곧바로 우리가 영적 성장의 발판을 획득한 것은 아니다. 많은 사람들이 자신의 결점을 인지하고, 영적 훈련 등을 통해 그 결점을 고치려고 노력한다. 그들은 성적 욕망, 분노 등의 세속적인 감정들이 훈련을 통해 자신과 무관해지기를 희망한다. 그리고 그들은 훈련을 통해 어느 정도는 자신과의 화합을 이루어내었다고 생각한다. 그러나 그들은 위험 요소들을 억압하고 있을 뿐이다. 이 말은 내가 오래 전에 극복했다고 믿었던 욕망과 분노들이 다시 내 안에서 튀어나올 수 있다는 뜻이다. 우리의 불행과 결점을 바라보기 위해서 겸손이라는 용기가 필요하

듯, 불행과 결점을 극복하기 위해서도 역시 겸손이라는 용기가 필요하다. 겸손은 나를 하찮은 존재로 만들어 버리는 것이 아니다. 겸손은 우리에게, 살아가며 부딪치는 모든 일들이 하느님의 섭리 속에서 이루어지는 것이라는 확신을 선사한다. 겸손은 하느님께서 내게 부여하신 길을 신중하게, 확신에 차서 걸어갈 수 있게 한다. 그 활기찬 걸음 속에서 우리는, 겸손이 우리에게 준 또 하나의 선물을 발견하게 될 것이다. 자신과의 화해, 마음의 평화라는 값진 선물을.

공동체와의 화해

나는 때때로 수강자들에게 이렇게 묻곤 한다. "혹시 누군가와 갈등을 겪고 있습니까? 아니면, 용서하고 싶지 않은 누군가가 있습니까? 이제 그들이 누구인지 한번 떠올려 보십시오." 그러면 사람들은 어렵지 않게 누군가를 생각해 낸다. 그러나 쉽게 떠올린 그 얼굴과 함께 그들은 무척이나 혼란스러워한다. 갈등을 겪고 있는 사람과의 부담스러운 관계가 의식의 수면 위로 떠올랐기 때문이다. 물론 그들은 화해를 위해 노력했을 것이다. 그 노력이 도움이 되지 못했을 수도, 아니면 그들이 받은 상처가 너무나 커서 고해성사를 통해서도 그 사람을 진정으로 용서할 수 없었을 수도 있다. 그들은, 그들이 떠올린 그 사람이 어떤 형태로든지 자신에게 영향을 끼치고 있고, 또 끼칠 것이라는 것을 감지하고 있다. 그 사람과 화해하지 못한 채로 살아간다면 얼마나 많은 힘이 소진될 것인지도 감지하고 있다.

내가 받은 상처와 고통을 의식적으로 떨쳐 버린다고 해서, 내게 상처를 준 사람에 대한 분노를 의식적으로 억압해 버린다고 해서 화해가 이루어지는 것은 아니다. 분노하도록 나를 내버려 두라. 그 분노 때문에 생긴 거리감이 나를 자유롭게 할 것이다. 나와 그 사람 사이에 건강한 거리가 유지될 때 비로소 그와의 관계 속에서 발생한 파괴적인 힘으로부터 자유로워질 수 있기 때문이다. 그를 있는 그대로 놓아두라. 내 힘으로 그를 변화시키려 하지 말라.

타인과 화해하는 첫걸음은 있는 그대로의 그를 인정하는 것, 그에 대한 평가와 판단을 포기하는 것에서 시작된다. 그가 저지른 일은 그의 문제다. 그러나 불행하게도 나는 그의 행위 때문에 상처를 입었다. 이제 중요한 것은 나의 상처가 더 이상 확대되지 않도록 하는 것이다. 그에게서 벗어나, 그에게서 받은 상처를 그와 상관없이 당당하게 살겠다는 의지로 전환시키는 것이다.

화해로 가는 둘째 걸음은 다시 그와의 관계를 받아들이는 것이다. 그러나 이것이 늘 가능한 것은 아니다. 그와의 관계를 정상화시킬 수 있는지의 여부는 나뿐만 아니라 그 역시 갈등을 해소하기 위한 대화에 참여할 준비가 되어 있는지에 달려 있기 때문이다. 그가 대화를 거부한다고 하더라도 화해가 불가능한 것은 아니다. 대화를 거부한 그를 비난하지 않음으로써, 더 이상 그에 대해 생각하지 않음으로써 나는 그와 화해할 수 있다. 그를 내버려 두라. 내가 할 수 있는 일은 상처받은 나를 나 자신, 내가 겪은 지난날들과 화해시키는 것이다. 내가 나 자신과 화해했을 때 비로소, 언젠가 내게 돌아올 그를 받아들일 수 있기 때문이다.

공동체 성원 사이의 불화는 곧 공동체의 와해를 의미한다. 공동체 성원 모두가 사소한 불화에 대해서도 화해 의지를 가질 때, 그리고 구체적인 화해 과정이 실현될 때, 공동체는 유지될 수 있다. 가족이든, 기업이든, 수도회든, 공동체의 존립은 성원 상호간의 용서에 기반을 두고 있다. 복음사가 마태오도 이 점을 당시 교회 공동체에 강조한다. 그는 공동체 규칙이 언급된 마태오 복음 18장에서, 용서를 강조하는 예수님 말씀을 인용한다. 베드로가 몇 번이나 용서해야 하는지를 물었을 때, 예수님께서는 "일곱 번이 아니라, 일흔 번씩 일곱 번"(마태 18,22)이라고 대답하셨다고 한다. 그렇다. 일흔 번씩 일곱 번의 용서다. "일흔 번씩 일곱 번"이란 "무한히"를 뜻한다는 것을 우리는 알고 있다. 마태오는 또한, 용서란 갈등을 흐지부지 얼버무리는 것이 아님을 힘주어 말한다. 공동체의 한 성원이 잘못을 저질러 공동체의 화합이 훼손되었다면 공동체를 대표하는 누군가가 그의 잘못에 대해 그와 얘기해야 한다. 죄지은 그에 대해서가 아니라 그가 지은 죄에 대해서 얘기해야 한다. 만약 죄인이 공동체와의 대화를 거부하면 한 명이 아니라 두 명이, 두 명으로 불가능하면 세 명이, 그래도 안 되면 공동체 성원 모두가 그에게 전념해야 한다(마태 18,15-16 참조). 대화의 목적은 그가 지은 죄가 얼마나 큰지를 판단하는 데 있지 않다. 그가 왜 죄를 짓게 되었는지, 갈등과 불화의 원인이 무엇인지를 찾아내는 데 대화의 참된 목적이 있다. 아울러 공동체는 어떠한 경우라도 그를 용서할 수 있어야 한다. 서로가 서로에게 귀 기울일 때 화해가 이루어진다. 서로서로를 정당하게 대할 수 있게 된다. 만에 하나, 해소 불가능한 갈등이라 할지라도 화해가 이룩되었다면 갈등의 존재가 곧 분열로 이어지지는 않는다. 화해는 갈등으로부터 분열의 힘을 빼앗아 버리기 때문이다.

갈등에서 벗어나기 위해 사제에게 면죄부를 받으러 가는 것이 고해가 아니라는 점을 우리는 이제 명확히 깨달아야 한다. 고해는, 갈등을 해결하기 위한 길을 모색하는 과정이다. 또한 고해는, 집으로 돌아가 나에게 상처를 주었거나 내가 상처를 준 사람들과 화해하라는 하느님의 권고다.

회 개

마르코 복음에 기술된 예수님의 첫 말씀은 다음과 같다. "때가 차서 하느님 나라가 다가왔습니다. 회개하고 복음을 믿으시오"(마르 1,15). 회개란 우리가 고해한 그 일에만 한정되는 것도, 또 한정되어서도 안 된다. 우리 삶 전체를 변화시키는 것이어야 한다. 그렇다. 회개는 우리가 살고자 하는 삶의 본질적인 모습을 결정하는 것이 되어야 한다. 하느님 나라가 가까이 와 있기 때문이다. 자비로우시고 은혜로우신 하느님께서 가까이 와 세시기 때문이다. 그러므로 이제 우리를 우리 자신으로부터 떼 내어 하느님께로 향하게 해야 한다.

삶을 뿌리째 흔드는 근원적 위험은 우리가 우리 주변만을 맴돌고 있다는 사실 속에 있다. 우리 머릿속을 한시도 떠나지 않는 질문, 나의 삶에서 무엇을 어떻게 성취할 것인가, 바로 그 질문 속에 있다. 우리에게 가장 중요한 것은 우리 자신이라는 그 생각 속에 있다. 그렇다. 자신에게 갇혀 살아가는 그 길은 결국 우리 삶을 막다른 골목으로 몰고 갈 것이다. 예수님은 우리에게 회개를 촉구하신다: 너의 삶을 생명으로 이끌 것인가, 아니면 죽음으로 이끌 것인가? 공허로 이끌 것인가, 아니면 결실로 이끌 것인가? 참된 너의 모습을 찾아 나설 것인가, 아니면 거짓 모습만을 맴돌고 있을 것인가?

회개란 하느님을 향해 가는 것이다. 하느님을 향할 때 비로소 나는 나의 참된 모습을 발견할 수 있다. 회개란 예수님께서 선포하신 복음, 우리를 사랑하시고 치유하시는 하느님께서 가까이 와 계시다는 기쁜 소식을 믿는 것이다. 예수님의 말씀을 믿고 따를 때, 우리는 비로소 거짓된 생명을 약속하는 헛된 말들의 해악에서 자유로워질 수 있다. 길을 잃어버릴지도 모른다는 두려움과 혼란에서 벗어날 수 있다. 회개는 복음이 약속하는 생명으로의 초대다. 복음에 대한 믿음이 없는 자들은 우리를 두려움으로 내모는 위협으로 회개를 촉구한다. 그들은 심판과 지옥으로 우리를 협박한다. 그들이 만든 잘못된 표상을, 두렵기 짝이 없는 하느님의 모습을 강요한다. 그러나 분명한 것은 그들이 가진 그 표상은, 우리를 불쌍히 여기시어 우리 곁을 떠나지 않으시는 하느님의 참 모습이 아니라는 점이다.

앞서 언급했듯이 회개에 해당하는 그리스어 "메타노이아"metanoia의 어원적 의미는 "생각을 바꾸다", "달리 생각하다", "이면을 살펴보다" 등이다. "메타"meta에 "뒷면"이라는 뜻이 있음을 고려한다면 회개라는 말은 "사물의 뒷면을 보다", 나아가 "모든 인간과 다른 모든 피조물 속에서 하느님을 보다" 혹은 "언제나 우리 곁에서 우리에게 말씀하시는 하느님을 일상 속에서 보다"를 의미할 수도 있을 것이다. 회개의 핵심은 숨겨져 있는 본질을 통찰하는 것이다. 예수님은 세상에 존재하는 모든 것이 하느님을 드러내 보여 주는 것이라고 하셨다. 많은 비유를 통해 예수님께서는 세상 모든 것의 이면을 들추어, 하느님께서 그 모든 것의 본질이라는 사실을 밝혀 주셨다. 회개는 하느님을 통찰했던 예수님의 시선을 연습하는 것이다. 행복과 불행, 성공과 실패, 나의 생각과 타인의 말을 통해 이 세상의 모든 것에서 하느님을 볼 수 있도록 말이다. 회개는 하느님께서 언제나 곁에서 말을 건네시며 도와주신다는 사실을 잊지 않는 것이다.

하느님의 새로운 모습, 예수

고해에 관한 강론에서는 무엇보다 심판자로서의 하느님, 인간의 선행과 악행을 저울질하시는 하느님의 모습이 자주 그려진다. 이는, 우리 행위를 보시고, 우리 행위의 옳고 그름을 저울질하시어 우리를 심판하시는 하느님의 모습이다.

그러나 이러한 하느님의 모습은 예수님께서 우리에게 보여 주신 모습과 일치하지 않는다. 물론 예수님께서 보여 주신 하느님이 구약성서의 하느님과 다른 하느님이라는 뜻은 아니다. 예수님께서는 우리에게 하느님의 모습을 단지 새로운 방식으로 그려 보여 주신 것이다. 구약성서에서 그려진 하느님의 여러 모습들 중 예수님께서는 특히 따뜻한 사랑으로 충만하신 하느님, 인내하시는 하느님, 죄인들을 향하시는 하느님의 모습을 강조하신다.

예수님이 말씀하신 바로 그 하느님은 언제 어느 때건 우리에게 새로운 시작을 가능케 해 주신다. 우리가 죄지을 때에도 그분은 우리를 외면하지 않고, 우리를 일으켜 세워 주신다. 우리가 우리를 단죄할 때에도 그분은 우리를 단죄하지 않으신다. 요한은 그의 첫째 편지에서 이 점을 적절하게 표현하고 있다. "마음이 우리를 고발하더라도 그렇습니다. 하느님은 우리 마음보다 더 크시고 모든 것을 아시기 때문입니다"(1요한 3,20). 우리를 단죄하는 것은 하느님이 아니다. 그것은 우리 마음속에 자리한, 종종 냉혹한 심판자의 모습으로 나타나 끊임없이 우리를 초라하게 만드는, 바로 우리 자신이다. "네가 할 수 있는 건 아무것도 없어. 넌 아무것도 아냐. 네가 하는 건 모두 잘못된 거야. 넌 나빠. 넌 썩어 빠졌어"라고 말하는, 자신의 거대한 자아다. 우리가 자신을 용서할 수 있도록, 우리 내부의 심판자로부터 우리 자신을 떼어 놓을 수 있도록, 그 심판자의 권력이 우리에게 강요하는 복종을 우리가 거절할 수 있도록, 이 모든 것이 가능하도록 하시는 분은 예수님이 우리에게 보여 주시는 바로 그 하느님이다.

죄지은 이들을 예수님께서는 특별히 사랑하셨다. 그들에게서 회개의 의지를 보셨기 때문이다. 예수님께서는 자신의 경건함 속에 파묻혀 회개의 필요를 느끼지 못할 정도로 충분히 선량하다고 여긴 바리사이에게서 인간의 위험한 모습을 보셨다. 자신의 경건함 속에서 굳어진 이들은 하느님의 따뜻한 사랑을 위해 자신을 열지 않는다. 예수님께서는 죄인들을 단죄하지 않으셨다. 지옥에 떨어질 것이라고 그들을 위협하지도 않으셨다. 그 대신 예수님께서는 죄인들에게, 그들의 잘못이 그들이 회개하고 다시 시작할 수 있는 하나의 기회가 될 수 있다는 사실, 독선적인 사람들보다 오히려 그들이 하느님의 따뜻한 사랑을 더 깊게 느끼고 경험할 수 있다는 사실을 알려 주셨다.

예수 그리스도의 아버지, 하느님께서 우리에게 주신 것은 우리를 억누르는 자의적인 규율과 율법이 아니다. 그분께서 우리에게 주신 것은 우리의 생존을 가능케 하는 계율이다. 예수님께서는 하느님의 뜻과, 그리고 그분께서 주신 계율의 의미를 우리 앞에 새롭게 펼쳐 보여 주셨다. "안식일이 사람을 위해 생겼지, 사람이 안식일을 위해 생기지는 않았습니다"(마르 2,27). 계율이 지닌 참된 가치에 따라 살 수 있도록, 우리가 선량함 속에서 서로서로 화목하게 살아갈 수 있도록 도와주는 것이 바로 하느님의 계율이다.

하느님께서는 그러나 우리를 결코 가만히 내버려 두는 적이 없다. 하느님 앞에서 "우리가 한 것 중에서 옳지 못한 건 하나도 없어. 다 올바르게 한 거야. 이제 하느님께서 내려 주실 상만이 우릴 기다리고 있어"라고 말할 수 있는 사람은 아무도 없다. 예수님께서는 우리로 하여금 우리가 직면하는 모든 상황 속에서 언제나 새롭게 하느님의 뜻이 무엇인지 질문하게 하신다. 하느님께서는 우리가 성스럽고 완전하게 되기를, 인간 본연의 모습에 일치하는 삶을 살아가기를 원하신다. 예수님께서 우리에게 보여 주신 하느님, 그분은 우리가 참된 인간이 될 수 있다는 보증이다. 참된 자신의 모습으로 나아가는 길을 우리 스스로 발견하지는 못한다. 그것을 가능케 하시는 분은 바로 하느님이시다.

맺는말

우리가 자신과 화해하게 하는, 우리가 서로를 용서하게 하는, 우리가 되풀이해서 회개를 연습하게 하는, 우리를 조건 없이 사랑하시는 하느님을 우리가 경험할 수 있게 하는 구체적인 하나의 길이 고해다. 이 같은 고해의 의미를 예수님의 복음으로부터 격리시켜서도, 분리된 어떤 것으로 여겨서도 안 된다. 예수님께서, 우리가 하느님의 뜻과 인간 본연의 모습에 따라 살기를 원하신다는 사실 속에서만 고해는 그 의미를 지니기 때문이다. 고해를 통해 우리는 죄인들에게 그들의 죄를 사해 주셨던 예수 그리스도와 마주치게 된다. 고해를 통해 우리는, 죄와 죄책감으로부터 우리를 자유롭게 하시는 하느님, 성사의 은총을 통해 자신의 따뜻한 사랑을 느끼게 하시는 하느님, 예수 그리스도와 조우하게 된다.

 나도 즐겨 고해를 하는 편은 아니지만, 나에게 고해가 얼마나 유익한지는 잘 알고 있다. 때때로 나는, 일상을 접고 내 삶을 들여다보며 내 잘잘못을 평가하는 시간을 가질 필요를 느끼곤 한다. 내가 올바르게 살고 있는지 살펴보기 위해서 말이다. 그렇게 발견한 내 잘못을 고해하기 위해 동료 신부님께 갈 때면 언제나 나는 나를 가로막는 어떤 문턱을 넘어서야만 한다. 하지만 고해를 한 후면 언제나 "그래, 잘한 거야"라고 되뇌게 된다. 그렇다고 해서 고해 뒤 내 모습이 완전히 달라지는 것은 아니다. 여전히 나는 여러 문제들과, 또 매일매일의 잘못들과 함께 살아간다. 고해는 그러나 나에게, 무엇인가를 다시 시작할 수 있는, 그리고 좀 더 명징하게, 좀 더 신중하게 살아갈 수 있는 계기가 되곤 한다. 고해를 통해 때때로 나는 내가 의식하지 못한 채 되풀이하는 잘못을 발견하기도 한다. 고해는 이처럼 내 감수성을 키워 주기도 한다. 또한 고해를 통한 용서의 경험은 나에게, "더 이상 과거에 얽매여 있을 필요는 없어. 과거의 잘못들은 다 묻혀 버린 거야. 그것들을 묻힌 채 그렇게 놓아두어도 괜찮다고 허락받은 거야"라고 말할 수 있는 힘과 용기를 준다.

 2001년 부활절을 맞아 청소년 강좌를 담당했던 우리 진행자들은 그 강좌의 주제를 "죄와 죄책감"으로 정했다. 청소년들과 이 주제를 다루어 보겠다고 결정하는 데에는 사실 용기가 필요했다. 하지만 강좌가 진행되면서 이 주제가 청소년들에게 얼마나 중요한 것인지 드러났다. 그들에게는 그들의 죄책감을 두려움 없이 이야기할 수 있는 곳이 필요했던 것이다. 그들은 죄책감에서 벗어나기를, 자신의 죄가 용서받기를 갈망하고 있었다. 물론 고해는, 죄와 죄책감 그리고 용서가 주제로 다루어지는 유일한 공간은 아니다. 그럼에도 불구하고 고해가, 자신의 잘못에 대한 끝없는 비난으로 영혼이 갈기갈기 찢겨져 어디에서도 평온함을 찾지 못하는 사람들을 어루만지는 치유의 중요한 공간인 것만은 확실하다. 고해를 통해 예수님은 우리에게, 조건 없이 사랑받고 있는 우리 모습을 확인할 수 있는 성사의 은총을 베풀어 주신다. "누구에게든지 천사 한 명은 있지요"라는 주제의 강연이 끝난 후 열 살 난 소녀가 내게 물었다.

"신부님, 신부님은 정말 천사가 나를 떠나지 않을 거란 걸 알고 있나요?"
"그럼, 알고 있고말고."
소녀가 되물었다.
"내가 나쁜 짓을 해도요?"
"그래도 널 떠나지 않을 거야. 천사는 참을성이 많거든."

"그렇지만, 내가 늘 나쁜 짓만 하면요?"
"그래도 천사는 네 곁을 떠나지 않을 거야. 늘 네 곁을 지켜줄 거야. 만일 네가 네 스스로가 미워서 견딜 수 없을 때라도 그는 다 참아 줄 거야."

그제서야 소녀는 안심한 듯 걸음을 옮겼다. 소녀에게는 자신에게 천사가 떠나지 않을 거란 것을, 자신이 어떤 잘못을 해도 천사가 다 참아 줄 거란 것을 누군가가 확인시켜 주는 것이 무척 중요했던 모양이다.

고해는 우리로 하여금 용서의 사랑으로 충만하신 하느님께서는 결코 우리를 떠나시지 않는다는 사실을, 하느님의 용서는 우리의 모든 죄를 끌어안는다는 사실을, 하느님께서는 조건 없이 우리를 받아들이신다는 사실을 경험하게 하는 공간이다. 고해성사를 담당하는 신부인 나에게, 죄책감에 억눌려 움츠러 들었던 이들이 고해를 한 후 어깨를 펴고 집으로 돌아가는 모습은 언제나 하나의 기적이다. 그들은, 예수님께서 베풀어 주신 화해의 공간인 고해성사를 통해 그분의 따뜻한 사랑을 경험할 수 있었던 것이다.

참고 문헌

Rudolf AFFEMANN, "Schuld, Schulderfahrung und Gewissen. Ein Gespräch mit dem Stuttgarter Psychotherapeuten", *Herder Korrespondenz* 27 (1973), 131-137.

Jes P. ASMUSSEN, "Beichte", in: *Theologische Realenzyklopädie* 5, Berlin 1980, 411-414.

Heinrich BACHT, "Erneuerung durch Rückkehr zu den Ursprüngen. Überlegungen zur heutigen Beichtkrise", in: K. Baumgartner, *Erfahrungen mit dem Bußsakrament* 2, München 1979, 166-184.

Die BENEDIKTUSREGEL (lateinisch-deutsch), hg. im Auftrag der Salzburger Äbtekonferenz, Beuron 1992.

Albert GÖRRES, *Das Böse*, Freiburg 1984.

Anselm GRÜN, *Erlösung durch das Kreuz. Karl Rahners Beitrag zu einem heutigen Erlösungsverständnis*, Münsterschwarzach 1975.

M. HARTUNG, *Angst und Schuld in Tiefenpsychologie und Theologie*, Stuttgart 1979.

Jolande JACOBI, *C.G. Jung, Mensch und Seele*. Aus dem Gesamtwerk ausgewählt von Jolande Jacobi, Olten 1972.

C.G. JUNG, Gesammelte Werke, Bd. 8, Olten 1964.

—, *Briefe* II, Olten 1972.

Reinhard MESSNER, "Beichte", in: *Lexikon für Theologie und Kirche*, Freiburg 1957, 841f.

—, "Feiern der Umkehr und Versöhnung", in: *Sakramentliche Feiern* I/2, hg. v. H.B. Meyer, Regensburg 1992, 9-240.

Karl RAHNER, "Reue", in: *Sacramentum Mundi*, Freiburg 1969.

Udo RAUCHFLEISCH, "Pastoralpsychologische Überlegungen zur Bewältigung von Schuld", in: I. Baumgartner, *Handbuch der Pastoralpsychologie*, Regensburg 1990, 349-366.

Lorenz WACHINGER, "Seelsorgliche Beratung und Begleitung bei Schuld und Schuldgefühlen", in: K. Baumgartner u. W. Müller, *Beraten und begleiten. Handbuch für das seelsorgliche Gespräch*, Freiburg 1990, 241-248.

Weisung der Väter. Apophtegmata Patrum, übersetzt von Bonifaz Miller, 4. Aufl. Trier 1998.

안셀름 그륀 지음
정한교 옮김

A5판 72쪽

세례성사
생명의 축제

초기 교회 사람들에게는 세례가 온 삶을 바꿔놓는 인상적인 체험이었다. 오늘도 다시 많은 이가 오랜 그리스도교 예전에 다가가려 하고 있다. 세례의 좀더 깊은 뜻은 무엇인가?

  안셀름 그륀 신부가 세례를 설명한다. 세례의 상징들을 소개하며 세례에서 이루어져 나올 수 있는 삶의 모습들을 가리켜 준다.

  영세자의 부모와 대부모, 성인 영세 지원자, 그리고 이 생명의 축제에 다시 다가가고자 하는 모든 이를 위한 책이다.